約翰．高特曼 & 茱莉．史瓦茲．高特曼
John Gottman & Julie Schwartz Gottman
著

恆溫關係

讓感情長保溫度的七日練習

The Love Prescription

Seven Days to More Intimacy, Connection, and Joy

CONTENTS

前言

從日常小事做起

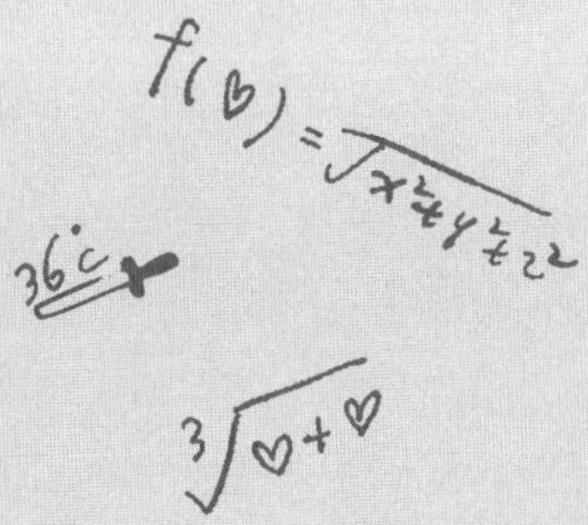

愛這字眼太深奧了，很難定義和說明。詩人們努力了數世紀，彭斯說：「愛有如一朵紅紅的玫瑰。」莎士比亞言：「愛是一種恆久不變的指標，面對暴風雨也永不動搖。」[1]根據一部懷舊浪漫的電影：「愛是無比輝煌美好的事。」另一部電影：「愛是永遠不必說抱歉。」[2]如此宏大又不可或缺，如此神秘又獨特的事物會有公式嗎？愛情有「處方」嗎？

簡言之：有的。

關於「愛的處方」，必須知道最重要的一點是，它是小處方。建立健康關係所需要的是每天幾帖小藥方。為什麼？因為這正是關係的本質：不是什麼大事，而是一生中每一天累積起來的無數芝麻小事。

過去五十年裡，我們一直把愛放在顯微鏡下，從約翰最早在印第安納大學關於婚姻互動的研究開始，直到今天，我們仍然透過高特曼學院與夫妻伴侶們密切合作。我們於一九九〇年在西雅圖創立愛的實驗室（Love Lab），想要了解是什麼讓愛持續？為什麼一對伴侶能長久廝守，另一對卻分道揚鑣？是否有可能用數據來量化這些東西，利用科學和數學模型工具來預測一對伴侶能不能白頭到老？

從那時起，我們把各種類型的夫妻——已婚和未婚、同性戀和異性戀、有孩子和沒有孩子的夫妻、新婚夫婦和結縭數十年的老夫老妻——帶入實驗室，深入研究導致良好婚姻關係的關鍵因素。我們探索了他們關係的各個層面，包括肢體語言、交談方式、爭吵方式、個人歷史和戀愛故事。我們觀察他們的心率起伏，測量他們體內壓力荷爾蒙的數值，拍攝他們的每一個動作，並回顧細微到百分之一秒的影像。我們收集每一則可以取得的資料，揭開愛的蓋子，取出所有小零件，來確定到底是什麼讓它運作，就像大型強子對撞機擊碎粒子，我們想看看是否能分離出愛的組成部分。

把愛帶入實驗室之後，我們學到了什麼？

太多了。這是我們一輩子的工作。本書將為你提供其中的一小部分，但

1. 譯註：見羅伯特・彭斯（Robert Burns）詩作《一朵紅紅的玫瑰》（A Red, Red Rose），及莎士比亞十四行詩 Sonnet 116（O, no! it is an ever- fixed mark,That looks on tempests and is never shaken.）。
2. 譯註：見電影《生死戀》（Love is a Many-Splendored Thing）和《愛的故事》（Love Story）。

我們認為從很多方面來說，這是最重要的部分。在這個為期七天的小小行動計畫中，將帶你了解我們最根本的發現——建立持久愛情的首要步驟。在這裡預告一下：愛是一種實踐（practice），它不只是一種感覺，更是一種行動。愛是你所做的事，而不光是發生在你身上的事。你需要每天給予並接受些許劑量，來維持一段健康、蓬勃的關係。

令人驚奇的是，那不是什麼了不得的舉動。不是情人節花束，不是臨時出發的巴黎之旅，也不是抱著手提式音響站在你臥房窗外的夢幻情人。相反地，那都是些經常做的小事。聽過「魔鬼藏在細節裡」（the devil is in the details）吧？事實上，在關係中，愛也藏在細節裡。它們很容易做到，但往往被忽略。我們都聽過「別為小事抓狂」（don't sweat the small stuff），這句話或許是很好的人生建議，可是說到愛情，它是百分百錯誤的。愛就是些芝麻綠豆大的事，該是正視它們的時候了。

改變河道的岩石

馬克和安妮特決定分手。這不是容易的決定，他們已結婚十多年，還育有一名八歲女兒，但肯定哪裡出了問題，而且已經持續很久了。對彼此的吸引力、興趣和伴侶關係都在慢慢減弱，婚姻變得平淡無奇。他們不再像以前期待在一天結束時見面，不知何故，如今兩人的互動多半在緊張或冷嘲熱諷中結束，而不是甜蜜。他們感覺對方頂多像事業夥伴或室友，而非戀人或朋友。

作為最後的努力，馬克提議去找諮商心理師，他們以前從沒試過。但安妮特想：「有何不可？又不會少塊肉。」

心理師聽了他們的故事，問他們認為哪裡出了問題，以及為什麼要分開。經過一連串每週一次的就診，原因逐漸浮現：相處不佳、沒有性生活、我們似乎就只會爭吵。

然後有一天，他說：「我要給你們一個週末任務。」

他希望他們做一件自己舒適圈外的事。根據馬克和安妮特的描述，他們相當一絲不苟，喜歡把家裡整理得纖塵不染、井然有序。乾淨是他們的首要考慮，女兒總是把玩具收拾得很好。在家裡，一切都有條不紊，因此心理師派給他們的任務是：到你們的後院去打一場泥巴戰。

夫妻倆一臉困惑，一場什麼？

「泥巴戰，」心理師堅持說：「把水管拿出來，挖一個泥坑，換上舊衣服然後跳進去。互相丟泥巴，卯起來丟！」

回到家，夫妻倆搖頭嘆息。很遺憾這個心理師竟然是個白痴，他們得找個新的了。

一直在偷聽的女兒卻有不同看法。

「我覺得這點子很不錯！」她插嘴說。

兩人只是搖頭。果然是小孩子！週末到了，他們和往常一樣感到疏遠而緊張。他們在閃亮潔淨的廚房裡喝著咖啡，一邊商量：要放棄諮商嗎？要不要重新物色一位新的心理師？女兒再度插話：「我們來打泥巴戰吧！」她大叫：「快，來打吧！試試看嘛！」

她不肯罷休。如果你有小孩或認識哪個小孩，就會明白他們有多頑固和吵鬧。馬克和安妮特舉雙手投降。「好吧，好吧，」他們說：「妳贏了。」他們換上舊衣服。馬克翻出一件多年前在演唱會上買的T恤，當時他們還在約會，只不過現在他的頭髮已灰白，T恤的腰部有點緊。安妮特則穿上一件早已過時、有污斑的舊上衣。兩人杵在後院，等水管將冷水注入花園裡的一堆泥土，覺得很可笑，但女兒期待又興奮地望著他們，他們還能怎麼做？馬克彎下腰，抓起一把濕黏的爛泥，但隨即猶豫起來，安妮特趁機朝他彈泥漿，弄得他一臉污斑。被激怒的他將手上的泥巴往她丟去，她尖叫著舀起更多泥漿，他們的女兒也大把大把地舀，不久，一場激烈的泥巴戰開打。很快地，他們一起放聲大笑，把泥巴甩得到處都是，在泥裡打滑翻滾，最後他們擁抱在一起，又笑又親的，他們從未感覺如此親密，如此……粗野。

那場泥漿戰徹底改變了他們的關係，雖然只是短短幾分鐘，卻產生了巨大影響。從那一刻起，馬克和安妮特決定騰出更多時間，讓全家共享樂趣和冒險。他們的經驗提醒我們，一條河可以因為中途有塊岩石落水而改變整個走向。水流繞過岩石，增高河岸的水位，穿過沙子、黏土和岩石闢出一條新的路徑。地質學家發現，久而久之，河流甚至能透過這種方式鑿出新河谷——只因為一個微小的改變。

進入愛的實驗室

馬克和安妮特來到愛的實驗室參加我們的研究時，分享了這個故事以及其他情節。我們觀察著他們，顯然他們已成功重建了牢固而親密的婚姻關係。經過多年密集深入的研究，我們觀察一對伴侶十五分鐘，就能以九成的準確度預測他們是否會繼續在一起……以及兩人的結合是否會幸福。看得出來，馬克和安妮特已準備好長久廝守。

早在我們成立高特曼學院之前，約翰就開始了數學家的生涯，他對於數字能預測世界上許多重大真理的能力著迷不已。但在麻省理工學院攻讀研究生課程時，他發現比起自己的書，他對室友的心理學書籍更感興趣。於是他轉換跑道，在花了數十年研究人際關係後，昔日對數學的那股熱愛又浮現。他開始思考愛的數學。畢竟，數學生物學家已經能夠模擬各種事物，從疫情大流行、腫瘤的形成，到為何老虎身上有條紋、豹子有斑點，那為什麼愛不行？

約翰在愛的實驗室中最早發現的事情之一是，我們常常弄錯愛之所以持續的原因。透過長期追蹤理論和結果，他發現最初關於婚姻成敗因素的想法有六成是錯誤的。和所有人一樣，這些想法是從文化刻板印象中產生，來自我們最愛的小說、電視節目和電影，以及我們的家庭和經歷。這些都有可能誤導我們，而且往往如此，這正是為什麼我們確實需要數據。分析數據能準確揭示哪些因素的確有助於一段關係的成功，哪些則否。幸運的是，儘管早期的預測紀錄不佳，約翰並沒有放棄，他和妻子茱莉・史瓦茲・高特曼（Julie Schwartz Gottman）博士以及他的至交羅伯・李文森（Robert Levenson）博士共同致力於收集、分析數據以發掘真相。結果如何？愛果然是一門科學，最重要的是，如今我們了解有益於一段關係的明確方法。經過這麼長久的努力，愛已不再神秘。

我們在愛的實驗室觀察了三千多對夫妻，追蹤其中一些長達二十年之久，還研究了四萬多對開始接受伴侶療法的夫妻。在看過無數小時的錄影帶，綜合了數百萬個數據點後，我們發現有一些普遍因素可以造就或破壞一段關係，並且預測一對伴侶是否能幸福地長相廝守。

首先，伴侶雙方需要對彼此保持好奇。我們都會隨著時間成長和改變，成功的伴侶明白這點，且會花時間建立、擴展他們的「愛的地圖」（love map），也就是他們對彼此內心世界的認識。這意味著不僅要提出問題，還要提出正確的問題。

其次，伴侶雙方需要分享喜好與讚賞。意思是，除了別的事，你還要看到並欣賞伴侶所做的好事，去發現並專注於他們一些令你欽慕的地方，大聲說出或透過撫觸表達出來。許多人以為他們的伴侶已經知道自己被愛、被讚賞，但根據我們的觀察，他們並不知道。愛的話語比想像中更需要經常地被大聲說出來。這可不像你每隔幾天給盆栽澆的一點水，而是你所呼吸的源源不絕的氧氣。

第三，伴侶要面對彼此而不是轉身離開。意思是要做出並回應我們所說的「連結的爭取」（bids for connection）。爭取的範圍可以從小事（例如呼喚對方的名字）到大事（例如要求滿足更深層的需求）。成功的夫妻能夠敏銳地注意到伴侶在提出要求，並在必要時放下手頭的事來參與。

這些都是區分愛情「大師」和災星的因素。更進一步地說，大師們明白足以建立或破壞一段關係的，正是你每天做（或不做）的許多小事，因為它們能創造親密感。想扭轉關係，需要做的不多。只要問一、兩個正確的問題，只要一句謝謝或真誠的讚美，只要給你的伴侶一個為你效勞的機會，只要六秒鐘的吻，只要……一把泥土。

你或許注意到上述清單顯然少了些東西：衝突。

當然，衝突是任何親密關係的一部分，但當一段關係觸礁，甚至只是有點冷卻時，最需要避免的就是大衝突。並不是說你應該忽略問題，而是這種時候不適合開啟衝突。從實驗室我們得知，最佳關係並不是建立在伴侶經常告訴對方做錯了什麼的基礎上，而是建立在伴侶經常告訴彼此做對了什麼。因此，無論你的關係正陷入低迷或者剛起步，想知道未來會出現哪些衝突點，我們絕不會做的就是要你坐下來，磨練你的衝突管理技能，或者研討你的各種大問題。我們會建議你先到後院去，挖個泥坑然後找點樂趣。

我們保證會讓你輕鬆做到這點。到了下週，你將能改善兩人的關係文化，透過許多小小的、立即可行的步驟來達成。在接下來七天當中，這將是你的座右銘：從日常小事做起（Small things often）。

這是「人際關係 101」（Relationships 101）[3]，沒人在高中或大學上過這門課（儘管很有必要！），我們只能透過觀察雙親或觀看電視電影來學習如何建立人際關係，而那不見得是好課程。我們花了這麼些年，終於找到建立良好關係的秘訣，在接下來七天裡，我們將提供最好、最精粹有效的建議。

任何人都可以從任一起點開始進行。在實務中，茱莉曾和一些處於難以想像的困境中的對象進行一對一諮商：患有創傷後壓力症候群的退伍軍人、海洛因癮者、癌症存活者和極度貧困的社群。很艱辛也令人難過，但她很喜歡。因為這是展現人類靈魂無比韌性的一種工作——人從黑暗中走向光明。在愛的實驗室，她在許多關係裡看到同樣的情況，可能連餘火都沒了，只剩下灰燼。然而，當你輕吹一下，咻！火苗又升起了。

3. 編註：在美國大學課程中，課程代碼「101」多為開給大一新生的基礎入門課程。

如何使用這本書

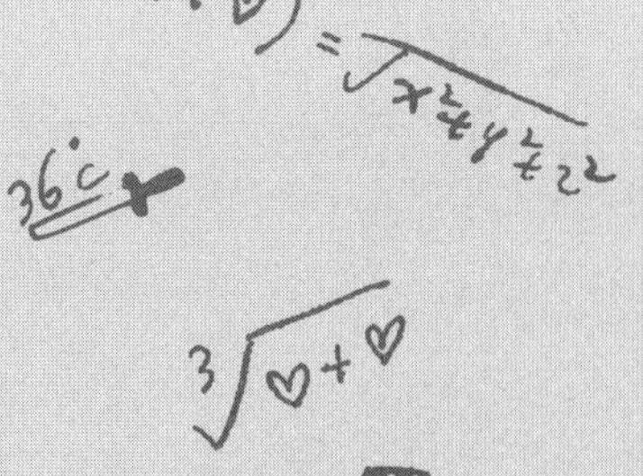

接下來的每一章都會要求你，在為期一週的每一天，養成一種建立關係的新習慣。七天，七種新習慣，將會很簡單、很快速、很有趣。不需要漂亮姿態或重大艱深的對話，對於你和某人一起進行這些練習的時間和地點沒有任何限制，可以在一天當中的任何時間，在最忙碌的日子，或在收拾碗盤，或開車時進行都可以。沒有什麼要買、要做或要準備的。你可以馬上開始。

但在開始之前，我們得先聊聊你對本書可能會有的幾個問題、如何利用本書以及可期待的成果。

會不會太早？

如果你剛遇上心儀的人，你可能會想，現在就進行「干預」措施會不會為時過早。採行愛的「最佳實務」絕不嫌早，越早越好。多數伴侶都拖太久才尋求幫助——平均四到六年。到了來找我們時，他們已走上歧途，我們必須付出極大努力來幫助他們脫離困境，我們常會想：要是能早點幫上忙該有多好！

人們有一種誤解，認為只有在關係中遇上問題時才需要尋求幫助，但這並不是大多數人在生活其他領域上的做法。從我們的身體到職業，甚至是車子，我們都很積極主動。我們會嘗試正確飲食和健身，我們會在車子發生故障之前就送去檢修，那為什麼我們不以同樣方式思考伴侶關係？

聰明的做法是盡早開始，盡可能保持關係的健康和順利運作。如果是一段嶄新的關係，你可能根本還不清楚對方是不是想要共度餘生的人。沒關係！你不需要百分百確定，只要確定你想找出答案就夠了。本書中的資料摘自我們研究過的最成功的關係，將幫助你正確起步，循著正確方向前進。

會不會太遲？

如果你在婚姻或伴侶關係特別艱難的時期讀這本書，你或許會想，扭轉局面的最佳時機是否已經過了。你的各種問題可能顯得很複雜且根深柢固，你可能會發現很難找到出路。

我們可以告訴你：在多年的研究和辦公室實務中，我們很少遇到真正「為時已晚」的伴侶。大多數伴侶平均要過六年的不幸福生活才會尋求幫助。無論你發現問題的時間是一週或十年，我們都能提供幫助。唯一真正意味一段關係已經結束的事情，是你們雙方都放棄了。如果你手上拿著本書，我們願意打賭情況並非如此。

之前說過，我們能以九成的準確率預測一對伴侶是否會繼續在一起，以及他們是否會幸福，但這並非一成不變。我們實際上無法看到未來，只能根據觀察到的模式做出最佳猜測。當人將不健康模式轉變為健康模式，就能改變未來。

你或許會認為，在干預措施開始時最不幸福的伴侶受益最少——他們會趕不上其他人。但事實並非如此。我們的研究（以及領域中其他人的研究）顯示，最苦於掙扎的伴侶實際上收穫最多。每個人都可受益。如果你正處於困境，你實際上能夠做出最大的改變。

簡言之：強化你的伴侶關係並不會太遲。

要是我的伴侶不熱中和我一起進行？

如果你們能一起讀當然再好不過了，但現實生活中，事情很難盡如人意！如果你是伴侶中閱讀本書的主力，請和另一半分享每章中最有趣的小知識，例如：「喂，你知道常擁抱的夫妻擁有最多性生活嗎？」肯定會引起對方的注意。

告訴他們：那些練習很簡單，多半只需幾分鐘即可完成，而且很有趣。告訴你的伴侶，那都是些增加熱情、連結和美好性愛，並為家裡帶來更多輕鬆感和愛的方法。無論我們的伴侶關係有多美好，都可以善加利用。

真的可以在短短一週內改善關係？

經營愛的實驗室時，我們和許多伴侶合作，並為他們量身訂製一系列干預措施，取得了許多成功。但我們在想：要是有些伴侶無法花一整週參加工作坊？還有什麼方法可以幫他們？

於是在《讀者文摘》和作家瓊安・迪克勒（Joan DeClaire）的協助下，我們進行了一項實驗，並邀請許多伴侶加入。他們做了所有進入辦公室的伴侶都會做的全面關係評估——一份深入關係每個角落的極詳細問卷，然後，他們就去吃午餐。

他們去吃三明治的同時，我們會同工作人員一起仔細研究他們的答案、評估資料，並選擇一種能夠在一小時內對他們進行的干預措施。例如：訓練他們積極表達自己的需求而不批評伴侶。當他們回來後，我們進行了選定的干預措施。然後，我們等待……兩年。

兩年後，瓊安對所有伴侶進行追蹤調查，她發現這種單一干預措施的成功率驚人。總的來說，這些伴侶改變了他們的互動方式，而改變持續了兩年。

沒錯，我們選定推測出最有效的干預措施，但令人驚訝的是，伴侶互動方式的一個轉變就能對他們的關係和生活產生如此大的影響。

我們建議的這些習慣上的小轉變真的可以改變你的伴侶關係嗎？

可以。

我們相愛，這還不夠嗎？

這很容易回答：不夠。

光愛是不夠的。時間久了，我們往往不再互相獻殷勤，不再優先考慮浪漫、樂趣、冒險和美好的性愛，生活會阻礙我們。加州大學洛杉磯分校史隆雙薪家庭中心（Sloan Center for Working Families）針對三十對在職夫妻進行了一項調查，發現伴侶關係往往變成無止境的待辦事項清單，對話則局限於各種雜務和計畫。換句話說，你必須有意識地演練我們為你安排的這些關係面向。

無論你正在約會，想知道接下來會如何發展，或者已經結婚五十年，這些練習都對你有所助益。這適用於任何年齡、任何階段。這是為你準備的入門工具包，可用於良好的啟動、重新啟動或路線修正，而你需要的就是嘗試的意願。

第1天

正面回應彼此

$$f(\heartsuit) = \sqrt{x^2+y^2+z^2}$$

36°C

$$\sqrt[3]{\heartsuit + \heartsuit}$$

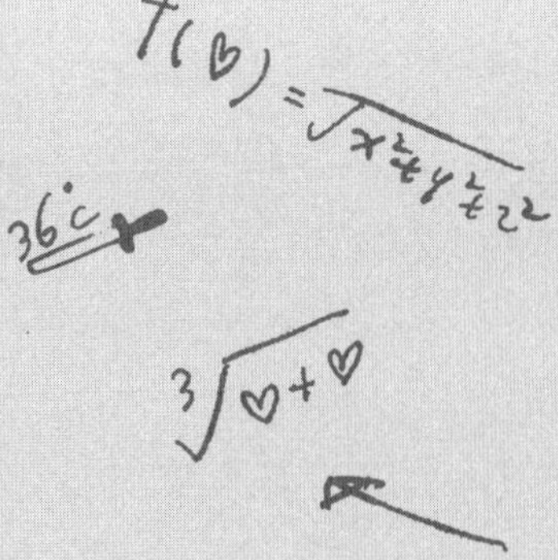

艾莉森和傑洛米一臉疲憊地前來參加一次週末伴侶靜修。這並不奇怪：我們已經從諮詢登記表得知，他們育有年幼的孩子，而且已經在家工作，同時監督孩子遠距學習好幾個月。他們當然看起來滿臉倦容。

COVID-19疫情已持續九個月，和所有事情一樣，這次靜修也是以Zoom視訊會議進行。由於和參與者不在同一物理空間，我們必須格外努力觀察他們的情緒狀態和肢體語言，但即使透過畫質有點粗糙、明亮像素化的Zoom視窗，我們也能看出艾莉森和傑洛米相當疏離。他們並排坐著，透過螢幕能同時看見兩人，但他們感覺像是在各自單獨的Zoom視框畫面中，坐在相隔數哩遠的不同空間。

艾莉森和傑洛米解釋了參加靜修的原因：他們總感覺彼此不合，處理事情時似乎總是存在分歧——從孩子不肯把蔬菜吃完的問題到疫情期間願意承擔多大風險。該在外面和朋友會面，還是乾脆不聚會？如果孩子們在附近騎單車，是否該要求他們戴口罩？每件事都以爭吵收場，然後問題還沒解決，就會有生活瑣事介入。孩子們突然闖進來，或者出現緊急的工作問題（什麼都遠端，工作似乎成了二十四小時的活動），最終他們總會繞著吵架的事打轉，因而變得更惱火。他們對彼此有了以前從未有過的念頭：他從沒考慮過我的想法，只想找出我犯錯的理由；她老急著把事情做完，總是想占上風。

「以前我們意見比較一致，」艾莉森說：「我的意思是，家有年幼孩子，總會有許多工作安排和疏失，但現在我們總是不同調。」

我們請他們描述平常的一天。何時有機會彼此溝通？不是為了解決問題或討論生活中的各種安排，而是為了交談和傾聽。

他們衝著我們眨眼。

「沒有耶，」傑洛米回答。他們一早就開始忙，一個在臥房裡接工作電話，另一個張羅孩子們吃早餐、準備上遠距教學，通常其中一人或兩人都不吃午餐，好擠出時間來工作。晚餐則是一團亂，一個收拾碗盤，另一個送孩子上床睡覺。傑洛米說：「等我洗好碗盤上樓，她已經睡著了。」

即使不在疫情期間，這種情況也很常見，就算沒有小孩，也會有找不到時間溝通的問題。

很多人都有一個極大的誤解：你必須花費數小時才能進行有意義的連結。因此，在忙碌的日子裡，我們根本沒時間去做這件事，真的嗎？

錯。

有許多機會可以進行有意義的連結，但我們錯過了。我們並不確切知道自己在尋找什麼，也不知道這些看似微小、短暫、微不足道的時刻有多麼重要。用愛情科學的語言來說，我們在這些短暫時刻所做的就是進行所謂的「爭取連結」。

什麼是「爭取連結」？它可以是隨興的一句話，可以是一個人在另一人身邊坐下這麼簡單，可以像一聲嘆息那麼細微。它是一種連結邀請。如何回應這些微小的連結請求，實際上可以決定一段關係的成敗！這是我們在愛的實驗室中最初也最重大的發現之一。

連結邀請：
幸福的最大預測因子

在蒙特萊克（Montlake）湖岸的公寓裡，我們創建了第一個愛的實驗室，就在有著紅磚建築、成排櫻花樹的華盛頓大學校園附近。就實驗室來說，這裡異常舒服。當人們走進來，我們不想讓他們感覺身處科學實驗室，我們希望他們感覺無拘無束。

茱莉在設計實驗室時就考慮到了這點，牆上掛著畫，有舒適的家具、溫暖的家居毯和儲備充足的廚房。可以聽音樂、看電視。巨大的觀景窗將在陽光下波光粼粼的光滑湖面框起（這裡實際上並不如人們想像的多雨。別告訴別人，這是西雅圖的小秘密！）。夜晚，市區的天際線閃閃發光，太空針塔著名的剪影點綴其間。如果不了解狀況，你可能以為自己來到一間精心布置的 Airbnb 度假屋，你會放下行李，然後進城玩一整晚。但如果你來到愛的實驗室，你便不會出去。你的到來是為了讓我們好好觀察，你或許會注意到整間公寓的牆上安裝了三臺攝影機——這是我們研究出要無死角地監視整個空間所需的攝影機數量。

我們的第一項大型研究邀了一百三十對新婚夫妻造訪愛的實驗室，每次一對夫妻。他們都是真正處於「蜜月」期的夫妻（通常是婚後幾個月）。我們絕對沒有給他們任何指示，只是安排他們在那裡度週末，做平常會做的事。他們會觀賞喜歡的節目、看報紙、下廚做飯、清潔打掃、交談、爭吵。我們會觀察並記錄一切，甚至追蹤了最小的行為模式，每一件事都被加上代碼。

我們不確定到底在尋找什麼，當時，我們並不清楚哪些特定行為可能對未來的幸福或不幸具有重要意義或預測性，只知道必須仔細觀察並全部加以編碼，以便找到答案。

很快地，一種以我們所謂的「連結邀請」為中心的模式出現了。有人會提出要求，開啟片刻的連結——可以是身體或口頭的、明顯或含蓄的——這時操作攝影機的研究人員會特寫伴侶的臉部，通常他們會以下列三種方式回應連結邀請：

1. **面對（turning toward）**：給出正向或肯定的回應，認可對方並參與嘗試連結的努力。（即使只是一聲「嗯？」也可以算是面對。）

2. **轉開（turning away）**：沒有給出任何回應，要麼主動忽略，要麼根本沒留意伴侶的連結嘗試。

3. **回絕（turning against）**：以煩躁或憤怒的方式做出反應，主動阻斷伴侶的連結嘗試。

這在實務中會是什麼情況？

讓我們舉個例子：

你的伴侶滑著手機說：「啊，這篇文章真有意思。」→連結邀請

以下是你可能有的幾種回應：

a. 你抬起頭說：「哦，是嗎？是什麼樣的文章？」→面對

b. 你繼續盯著螢幕，打一封正在處理的電子郵件。↓轉開

c. 你說：「安靜點！沒看到我正在工作嗎?!」↓回絕

有時候，我們的連結請求可能顯得負面或難以辨認，因而無法將它們理解為連結嘗試。讓我們來看看另一個較不明顯的例子：

你靜靜坐著吃晚餐，長長嘆了口氣（一種邀請）。你的伴侶可能會做出以下反應：

a. 伴侶說：「嘿，親愛的，怎麼了？你聽來好像很累。」↓面對

b. 伴侶正在看報，他翻著報紙，什麼也沒說。↓轉開

c. 伴侶說：「又怎麼了?!」↓回絕

在實驗室裡（以及現實生活中！），沒有伴侶能百分百「面對」。但經常面對或者很少面對，確實關係……重大。我們對一百三十對新婚夫妻進行

了長期追蹤，涵蓋蜜月、初次懷孕、孩子出生等等，我們看到有些夫妻幸福、有些不幸福、有些則離了婚。六年後，當我們回顧資料，想了解哪些編碼行為具有意義，我們有了重大發現。已離婚的夫妻當時只有33％對伴侶的連結邀請做出「面對」回應；仍然在一起的伴侶則有86％。這是巨大的差異，是科學研究中少見的統計差距。

我們找到一個主要的干預點。如果能幫助夫妻理解看似微不足道、常被忽略的片刻的重要性，我們就能真正幫助人們扭轉局面。人對伴侶的連結要求反應，實際上是幸福和穩定關係的最大預測因子。事實證明，這些稍縱即逝的片刻決定了幸福與不幸、持久愛情與離婚的差異。

面對：伴侶關係的首要訣竅

我們為一群伴侶舉辦了為期兩天的工作坊，第一天的重點是友誼與親密感，第二天則是衝突。當然，工作坊旨在讓他們解決這兩個基本主題，但我們想知道：哪個比較緊急？如果想開始採行最有效的干預措施，何者的幫助最大？

因此，我們做了一項實驗研究：一組參與者只採用第一天課程，另一組只採用第二天，最後一組則兩天課程都進行。一年後，我們重新聯繫這些伴侶。大家進行得如何呢？

或許不令人意外，採用工作坊兩天課程的組別在一年後保有最持久的改變。但有趣的是，只採用第一天課程的一組也表現得很好！另一方面，只採用第二天課程——只有衝突——的一組表現最差。訊息很明確：只專注在衝突是錯誤的處理方式。**首先，我們必須在友誼上下功夫**。

這很難做到，如果你正陷入衝突，可能會有強烈的慾望想要「解決」它。可是當我們首先回到衝突上，可能讓事情變得更糟。為什麼？因為當緊張升高，我們的身體會做出生理反應，可能會不知所措，並訴諸舊有的習慣性應對方式。例如：即使在一段深情又滿意的婚姻中度過這些年，約翰仍得努力避免在衝突中拚命替自己辯護；而當情況緊繃，茱莉的第一反應常常是跑出家門，衝進最近的樹林。

要改變人們在衝突中的行為方式極為困難，但透過「面對」，你會改變自己在日常片刻中的行為。這就容易多了，最終也有助於解決衝突。我們發現在一段關係中越常面對彼此，伴侶間處理衝突的能力就越好。即使衝突惡化，雙方導正、修復互動的能力也取決於過去是否經常面對彼此。隨著更多的「面對」，即使在衝突中也會有更多幽默的分享。更輕鬆也更有能力在爭執中暫停，做出和好的提議，修補的嘗試也更有可能被接受並得到回報。成功伴侶的爭吵並不比其他伴侶少，只是吵得更高明，而「面對彼此」是做到這點最大的預測因子。

「面對」的真正作用是將錢存入伴侶的感情帳戶，不妨把每次面對伴侶連結邀請的行為——即使是以微笑回應微笑這樣簡單、短暫的行為——看成把一枚硬幣扔進你的愛情存錢筒。

我們剛結婚時（已是三十四年前的事了！），有件事是當時比現在更擅長的：懷恨。

也許你懂我們的意思。有時對話變得有點激烈，你感覺伴侶傷了你的感情，你退縮並開始對他心生怨恨，細數一長串他虧待你的種種行徑，不管是最近或者從一開始的。約翰回憶他們婚姻初期，想起他有多麼積極地在累積怨恨：就像是在打造一把椅子，你必須把生活中的粗糙材料切割成合適的尺寸，先是敲擊它、塑造它的形狀，然後才能坐在上面。他和茱莉發生口角，難過之餘，他會搞失蹤，獨自生悶氣。但在一段經常面對彼此的關係中，你總會達到一個臨界點，你一開始可能會心懷不滿，但不久你就……無法堅持下去了。約翰坐在那裡，試圖堅定自己不滿的心情，但他腦中就是會出現這個惱人的聲音：還記得上週你生病，她來看你而且給你送茶嗎？還記得今天早上，她被你的笑話逗得大笑嗎？還記得今天稍早，儘管她很忙，仍不厭其煩為你做了午餐？後來還問候你今天過得如何？這些片刻都那麼美好。他實在無法再心懷怨恨。

當你累積所有正向和連結的時刻，它們就會抵消負面的時刻，怨恨也就無法增長了。每一個片刻都是帳戶裡的情感存款，因此，當你遇上衝突或緊張的時刻，你的「感情帳戶」裡便有大量存款可以提領。即使在溝通不良和感情受創的痛苦時刻，你仍然擁有許多正向和連結的時刻，因此能以同理心、甚至幽默的態度對待你的伴侶。而你將正存款（positive deposit）放入銀行帳戶的方式就是「面對」。

大師們都知道：經過走廊時親一下臉頰是一劑良藥。到頭來，更重要的是從緊急的工作電郵中抬起頭來，聽一段孩子午餐時如何對付地瓜的小趣事。每天一早花五分鐘邊喝咖啡邊交談，遠比提前五分鐘開始工作重要得多。

因此，這正是我們為艾莉森和傑洛米開的處方。他們的日常充滿一個接一個的任務：工作、照顧孩子……更多的工作和照顧孩子。在疫情期間，他們陷入沒完沒了的生活循環，得不到喘息機會，也挪不出時間來關注彼此。事實是，無論有沒有疫情，生活往往就是如此，又忙又累、馬不停蹄。但如同我們告訴艾莉森和傑洛米的：既然沒時間，你們不需要憑空變出時間。不管日子多忙亂，總有機會面對彼此。這花不了多少時間，回報卻很巨大……

而且增長快速。你做得越多，效果越好。

我們要求他們每天一早抽出幾分鐘小聊一下，最終他們決定趁著早上，在孩子們衝下樓吃三種不同類型的穀片之前進行。他們會站著靠在廚房中島上，手肘壓著成堆的遠距教學資料和家庭作業，邊喝熱咖啡邊問對方：今天你有什麼想法？有沒有什麼期待的事？你在擔心什麼？於是他們會得知一些重要的事情：能夠一探伴侶的日程安排和內心世界。最後他們總是大笑著結束對話。

「哎，有件事我一點也不期待，就是那位老要我們學動物叫的老師。」傑洛米嘆口氣說，艾莉森大笑起來，她也很討厭。

接著，我們要求他們在一天當中留意連結邀請，並加以面對，不要讓它們溜走。如果艾莉森在傑洛米忙著寫電郵時，湊過來和他耳語其中一個孩子的事，他的任務就是暫停，將雙手從鍵盤移開，專心聽她說話。兩分鐘後電郵仍然存在，等著收件的人絕不會注意到其中的差異，但艾莉森卻會。

艾莉森在我們最後一次 Zoom 視訊會議中說：「情況仍然艱難，想在我們兩人的工作日程、孩子的遠距教學和其他必須完成的事情中取得平衡真的好難。但我想，那種並肩作戰的感覺又回來了，我們會一起對抗混亂。」

你有能力做到

「面對彼此」確實是我們能推薦最有效的干預措施之一。是不是顯得太簡單、容易了？嗯，它或許簡單，但養成新習慣未必是容易的事。如果這已經是你們關係的一部分，好極了，繼續努力！本章和接下來的練習可作為有用的提醒，讓你將「面對」作為優先事項，而非讓它溜走，並且為你已在練習的積極性、為連結的微時刻賦予更多吸引力。

如果你覺得「面對」已經從你們的關係文化中消失，別擔心，你可以扭轉這局面。就像調轉一艘大船，在你做的航向修正開始顯現之前，可能會有一點停滯。但只要堅持下去，稍微轉一下方向盤，接著再轉一點，就能開始得到回報。想像一下，這艘大船一開始看似沒有改變方向，但當你在新航線上越走越遠，你就越來越偏離舊航線——一個帶你進入全新領域的不斷擴大的V形。

還記得本章稍早提到的調查吧？三個小組分別採用了工作坊不同天數的課程？其實還有另外一組，在每項調查中，都有一個對照組，這很常見，但我們在對照組上犯了一個錯誤。

第一組採用友誼日課程；第二組採用衝突日課程；第三組採用兩天課程，至於對照組則根本沒參加工作坊。他們只有我們的書《讓愛延續的七個方法》，以及透過電話與專業心理師進行七小時諮商的機會。讓人意外的是，對照組中沒有任何伴侶找了心理師，他們只使用了這本書。而且，驚喜，驚喜，他們表現得非常好！光是閱讀這本書便讓他們對彼此的關係做出了重大而正向的改變，而且一年後，當我們再度聯絡他們，他們仍然維持著改變後的狀態。雖然最成功的仍然是參加了兩天研習課程的一組，但閱讀書籍組緊隨其後，他們比調查中的其他小組都做得更好。他們的婚姻得到了改善，並在一年後維持不變，只因為一起讀了一本書。

我們認為真正的要點是，如果你想改善彼此的關係文化，只要讀點書，你就能做到。知識就是力量，一旦你了解連結邀請，以及雙方對它的回應方式，長期下來對於塑造你們的關係有多麼重要，你就更能夠在忙碌、時間緊迫的一天中，做出真正符合你長期關係目標的選擇。

今日實務

十分鐘問候

一早就這麼做非常好，但你也可以在任何適宜的時間進行。規則很簡單——挑選一個時段和你的伴侶進行交流，在十分鐘內傾聽，而不是趕著離開。可以在早上喝咖啡或開始工作之前，也可以在晚上送孩子們上床睡覺之後，問伴侶這個簡單的問題：

今天你需要我做什麼嗎？

這如何能創造彼此「面對」的機會？首先，它會讓你的伴侶思考自己的需求；其次，它清楚顯示，只要辦得到，你今天真的願意隨時提供幫助；第三，它給了對方希望，只要說出自己的需求，你就會努力給出肯定的回應。

簡單一句話，作用卻很大。這是一種邀請，表達了我愛你、我願意隨時為你效勞，是建立信任的絕佳方式。在一段關係中，信任是件大事。說來很複雜，但其基礎很簡單，信任背後的原則是：「我支持你，你也支持我。」

因此，如果今天你的伴侶回應了這個問題，盡你所能地說「好」，並且努力達成，不管伴侶要求「我需要暫時放下孩子喘口氣」或者「我想和你一起吃午餐」。

額外存款：每分錢都不放過

把今天每一個潛在的連結片刻（無論多麼倉促），想像成可以存入帳戶的錢。就像你走在街上，看見到處散落的紙幣和硬幣，你會停下來把它們撿起。彎腰去撿只要花一分鐘。所以務必要去做，別放過任何一個！即使一分錢也能積少成多。

留意你能參與的小小連結要求，面對你的伴侶，不管多麼短暫。請留意以下連結邀請的跡象：

- 目光接觸
- 微笑
- 嘆息
- 直接要求你的協助或關注
- 道早安或晚安
- 找你幫忙
- 向你大聲唸出某些信息：「嘿，你聽聽……」
- 指著某樣東西喊：「你看！」
- 從別的房間喊你的名字

・看來很悲傷或情緒低落
・獨自拎著重物
・看來很沮喪（例如帶著孩子）

你對伴侶做出積極回應的每個片刻，都是你感情帳戶裡的存款。這些存款不會消失，在你需要時就有正餘額可用。每天累積許多小片刻，就可以確保你的存款數超過提款數。

障礙排除

萬一你發現伴侶提出連結邀請，但你無法回應，該怎麼辦？

當然，這種情況有時會發生。你的情感可及性（emotional availability）不會與伴侶的情感可及性完全一致。沒關係，這時可以用以下方式處理：

・當你的伴侶試圖連結但你無法參與時：你可以說：「我真的很想聽，但我必須——（發出這封電郵、送孩子們上床睡覺等等），你能不能記得稍後告訴我？」你承認自己很想「面對」，但情況不允許。就算你很累，不想參與，也別忽視這個請求。只要簡單解釋為何沒空，就有很大的作用。

・當你提出邀請而伴侶沒有回應：如果他只錯過幾次提議，請繼續嘗試！但如果這已成了一種模式，請對你的伴侶說：「我不想吹毛求疵，但我一直想要找你……你現在是什麼狀況，怎麼都沒反應？」他或許很忙、壓力很大或累壞了。

・當提議帶有負面性：有時伴侶的要求聽來有點負面，或像是在挑釁。

（例如：「今晚你該不會心血來潮想下廚做晚餐吧？」）這時只要忽略負面情緒，回應底下更深層的要求。（不妨回答：「我知道妳既沮喪又疲倦，我很樂意為妳做晚餐，讓妳休息一下。」）哇！這下你的感情帳戶又有大筆進帳了。

第2天

問重要的問題

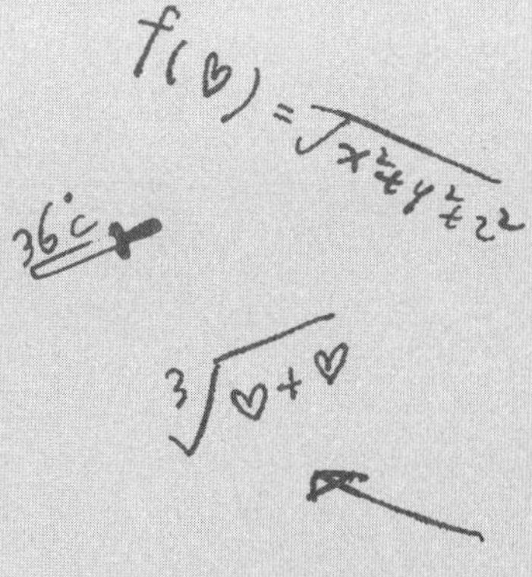

回想一下你和伴侶初次邂逅的情景，還記得和他迸出新火花的感覺嗎？還記得為了見他而等候一整天，感覺自己有好多問題想問他？從「你最喜歡哪一部電影？」到「如果可以選擇，你想住在什麼地方？」，當你像跳起令人興奮的舞蹈般，試圖弄清楚這個人是不是你的真命天子（女），這類問題總是毫不費力地從你舌尖滑出。

我們兩人在不到兩個月內先後搬到西雅圖。約翰在中西部教書，二十年後遷居到西岸；茱莉則是西北太平洋沿岸地區本地人，在外地生活了二十年後落葉歸根。我們的人生軌道在一家兩人都常去的咖啡館交會了。茱莉注意到約翰，因為他在顧客中十分顯眼，看來聰明又專業。約翰也注意到茱莉的沉著自信。他放下空咖啡杯，走過去介紹自己，試圖和她攀談。於是我們開始交談，之後又聊了一些，就這樣越聊越多……

一段關係的開始很令人振奮，有好多東西可以探索！你們的對話充滿各種重大、令人興奮、探索性的問題，一切都輕而易舉。我們之間無所不問：你從哪裡來，為什麼會到這裡？你做什麼工作，為什麼選擇它？工作之餘喜歡做些什麼？你喜歡什麼音樂……電影……書？我們互相吸引，敏銳意識到對彼此有多麼不了解，我們只想找出答案。

隨著關係的發展，感覺像在看一部精采的新電影：你看著情節展開，對一切可能的發展充滿希望又感到緊張，因為你對自己生命中這個令人興奮的新角色有了越來越多發現。你詢問他的童年、希望和夢想，以及他對未來的願景。你會發現哪些友誼對他意義重大，或他最愛吃的東西；你會了解他沮喪或興奮時的反應。當我們處於初識浪漫伴侶的關鍵時刻，我們往往很健談。我們會聊自己的故事，也要伴侶說他們的故事。分享自己對未來的夢想，也追問他們的夢想。但久而久之，隨著我們變得忙碌，新鮮感逐漸消失，我們就不再問彼此人生大事了。剛開始我們可能會問：你想要孩子嗎？如果可以選擇，你想住在什麼地方？到後來，其他類型的問題充斥在我們的對話中：你倒垃圾了沒？或該替孩子們預約看醫生了嗎？諸如此類的問題取代了談心。在某種程度上，這很實際，我們確實得討論誰該做哪些家務、哪些東西該列入採購清單、如何一起管理財務等等。但儘管生活忙亂，我們不能讓彼此之間的所有問題變成無止境的清單。

不同於電影，人會隨著時間而改變。你第一次帶著無比好奇和期待觀看的電影，到了下次排隊觀看時，也會以同樣的方式展開。但人可不是這樣的。同樣的問題在不同時間點提出，將會得到不同的答案。慾望會變成新的慾望，生活目標會改變，人生願望清單也會不斷變化。如果我們不再問彼此重要的問題，而期待伴侶的答案跟我們上次探詢時聽到的相同，我們可能會感到相當意外。

太多空間

大衛和葛雯初次來找我們時，兩人已經結婚二十年。在很多方面，他們擁有一切。大衛有一份令他滿意的職涯，兩人育有三個漂亮的子女，有一棟大而華麗的房子；葛雯留在家中照顧孩子，全心投入親職。他們享有穩定的財務狀況，大衛工作時間長、薪水高；葛雯則繼承了家產。那麼問題出在哪裡？他們為何在我們辦公室裡，分坐沙發兩端？

他們首先提到，自從有了孩子，浪漫就從生活中消失了。他們不再有性生活，身體距離和缺乏性親密感困擾著他們。但我們很快發現，重點不是性，它只是更深層問題的其中一個症狀。他們已經很多年沒有真正對談了。十五年前，當他們第一個孩子出生，他們把注意力從彼此身上轉移到各種生活安排和為人父母的當務之急上。問題是他們再也沒有轉回到彼此身上。他們會互問「這間幼兒園合適嗎？」、「你聯絡水電工了沒？」、「週五誰去接孩子放學？」，他們從來不問「這仍然是你想要的生活嗎？」。

他們或許住在同一個屋簷下，但彼此間的空間太大了。事實上，那精心設計的家大到讓他們可以從一個房間走到另一個房間，卻很少遇見對方。一對夫妻可以過著兩種平行的生活，而不是一種共同生活。這正是他們的情況。

大衛和葛雯來到我們的辦公室，因為他們不想繼續這樣下去，但又不知道如何創造改變。他們似乎每次試著接觸，都實在離得太遠了。總之不是爭吵，就是錯失連結機會，或者沒能在一起。因此我們讓他們從不同類型的問題重新開始，重建婚姻的第一步不是問對方「你過得如何？」，而是「你是誰？」。

一隻名叫凱文的綿羊

COVID-19疫情爆發時，布麗安娜、泰勒和幼子住在一間兩房小公寓。他們原本計畫搬到城鎮另一端一間較大的房子，這下不得不暫緩了。孩子的日托中心關閉了，兩人都轉為在家工作，試圖在輪流擔起育兒職責的同時，完成全職工作。工作量很大，但兩人的關係依然牢固，他們沒有惡言相向（儘管會自嘲是「囚禁中的動物」）。有太多壓力因子和問題需要處理，和所有夫妻一樣，布麗安娜和泰勒也有專屬的一長串「解決不了」的問題。但自始至終，即使有衝突，他們仍然有種持續並肩作戰的感覺。

他們有什麼秘訣？布麗安娜和泰勒列出了欣賞對方的各種優點：泰勒在

照顧孩子方面盡心盡力，並負責沒完沒了的洗衣工作。布麗安娜把日程安排得井井有條，而且是個有創意的廚子。

但我們注意到最重要的是：他們對彼此極感興趣。

布麗安娜分享了他們在疫情期間，難得幾次外出約會的其中一次經歷。經過兩週的隔離，他們開車到泰勒母親家度週末。他們出去散步時，由婆婆負責看孩子。當時下著雪，他們漫步穿過以前泰勒在緬因州鄉村常去的老地方。之前布麗安娜已經來過多次，但這次泰勒指出一個特定的地點，並講起一個故事。他漫不經心提到：「我的綿羊凱文就住在這裡。」

「等一下，」她回說：「我們在一起多少年了，到現在我才知道……你養過綿羊？而且牠叫凱文？」

他們在寒冷中邊走邊聊了幾小時，直到手指僵冷，不得不折返。那隻名叫凱文的綿羊帶著他們穿過一條曲折的時間小徑，最終他們聊起自己青少年時期的願景，他們的人生在某些方面和當初想像的完全一致，但又如此不同。

「這麼說也許很傻氣，但我絕不會忘記那隻叫凱文的羊，」布麗安娜說：「就在那一刻，我意識到，他永遠有分享不完的驚喜。」

重點是：只要你願意給機會，任何人都能帶給你驚喜。即使在疫情封控期間，布麗安娜和泰勒依然不斷成長，因為他們對彼此充滿無止境的好奇。

很高興（再次）見到你……

伴侶會隨著時間改變，尤其其中一個忙著工作，另一個負責養育孩子，就像大衛和葛雯。光是透過改變對彼此提出的問題，兩人便取得了極大進展。一開始我們要他們每天花十分鐘（他們最多只能騰出這點時間！），但這已足以讓他們重新開始互相了解。他們回到原點，再一次相遇。

任何關係都是彼此經年累月、一次又一次再相遇的過程。你在一生中會發生巨大變化，你的伴侶也一樣。你的全身細胞會脫落、再生，大腦結構會發生根本性的改變。走在人生道路上，新的體驗會促使你重新調整你想要的、相信的東西，以及看待自己的方式。因此，當兩個人一起經歷如此混亂而複雜的生活，就有很多機會錯過自己和對方的重大變化。

人類是群居動物，少了和他人的連結，我們就無法生存。和他人建立連結的第一步驟就是了解對方是誰，同時被對方了解。要了解某人是誰（尤其是他內心世界的狀況），首要方法便是提出問題。我們在約會時會自然地、甚至毫不費勁地這麼做。接著我們變得忙碌，開始以團隊方式去完成每件事情。團隊方式很好，但必須記住，我們仍然是兩個個體，會隨著時間不斷成長、改變和發展。

和許多伴侶共事時，我們會談論創造愛的地圖。所謂「愛的地圖」，是指對伴侶內心世界的深入了解。他們的希望和夢想，他們的信念、恐懼和願望。提出問題不只是為了創造愛的地圖，也為了更新愛的地圖。這意味著要提出開放式問題，也就是所謂的「大哉問」：這絕不是簡單的是非題，也沒有快速答覆的下拉式選單。開放式問題沒有預設答案（我們都知道對「電費帳單你繳了沒？」的唯一正確答案是「繳了，親愛的。」），開放式問題充滿了可能性。前進的路不是一條，而是好多條，你不知道接下來的對話會往哪走，也不知道最終會如何。這就是更新愛的地圖並建立新地圖的方式，往前開拓新的領域，同時繞回之前繪製的領域，看看它起了什麼變化。我們不能把這類探索性問題留到約會日，它們必須是一種日常習慣，而非「特殊場合」才能使用。

對我們來說，我們之間的關係一直是各種人際關係理論的豐沃土壤——關於什麼能讓兩人在一起，以及什麼力量會讓兩人分開。有時我們會互相商量如何度過難關，然後會想：「其他人是否也是如此？這在縱貫性研究（longitudinal study）[4]中是否成立？」爭吵和復合常讓我們回到實驗室，在那裡透過實驗證明（或反證）在自身關係中發現的東西。同時，我們親自嘗試的實驗室研究會出現許多訊息。我們和客戶的合作、我們自身的關係以及實驗室本身，生活中的每個元素經常相輔相成，有如一個大圓圈，隨著我們越來越了解持久愛情的內在運作方式、齒輪如何運轉、什麼讓它運作順利、什麼會擾亂它……圓圈會不斷往上爬升。

我們為高特曼學院建立的最強大干預措施之一，來自我們的一場爭吵。

這是……一場非常嚴重的爭執。

愛的地圖上的缺口

當時我們結婚約四年，住在西雅圖，經營愛的實驗室，會見客戶。我們很享受忙碌的城市生活，我們有鍾愛的咖啡館和餐廳，會帶女兒到公園和博物館，但我們喜歡遠離城市的生活。我們在距離城市北邊幾小時車程的地方租了一間房子，位於聖胡安群島的一個地形崎嶇、人煙稀少的小島，那裡有寧靜的小鎮、蔥鬱的森林和綿長的健行小徑。我們在那待過幾個週末，非常喜歡，於是某個夏天，我們租了一間在岸邊的房子整整一個月，期間會到森林裡散步，在海上划獨木舟。

4. 編註：又稱長期性研究，透過長時間觀察研究對象和蒐集資料，探討研究目標在不同時期的演變。

走進大自然讓我們倆精神一振，茱莉尤其如此。一到達出租小木屋，她便迫不及待穿上登山靴，走進芬芳的雪松林；或跳上獨木舟，將槳插入清澈平靜的水中。約翰也同意這裡一切都很美，但只要能坐在爐邊沙發上，喝杯咖啡、讀一本微分方程式的書，享受溫暖的氛圍，他也同樣滿足。

有一天，在樹林裡度週末後回到城裡的家，茱莉說：「我想在島上買一間小木屋。」

約翰大吃一驚。「不可能，」他說：「別想。」

爭論像火柴一樣點燃。「為什麼不行？」茱莉說：「我們負擔得起！」她列出應該這麼做的所有理由。約翰逐一反駁——太不切實際了、我們根本負擔不起。我們不停兜圈子，為此吵個沒完。約翰四處打聽是否有心理師可以提供協助，他找到一個合適的人選，在初步諮詢後，感覺她會站在他這邊（小提醒：可不能憑著這點挑選心理師啊！）。我們開始和她討論事情原委，但並未取得多少進展。茱莉無法理解，為何約翰說什麼都不肯考慮這件對她來說如此重要的事；約翰則不明白，為何茱莉對這事顯得如此苛刻、固執。我們不需要小木屋，現有的家已經非常足夠了。

有一天，心理師說：「約翰，聽著。你不必屈從茱莉的要求。告訴她該怎麼做，她就會採納的。」

約翰嚇壞了。有人跟他站在同一邊當然是好事，但如果是以這種強硬、獨斷、不聽我的就滾蛋的解決方式，那他可不喜歡。「茱莉，」離開辦公室時，他問：「我說話是這種口氣嗎？」

沒錯，她說，你就是。

約翰還是不想買小木屋，但他不想變成愛反對的人，也不想擁有那樣的婚姻。

在家裡，而不是在心理師辦公室，我們終於開始認真討論這件事。我們互相提問：為什麼妳這麼想買小木屋？為什麼你這麼反對買小木屋？

茱莉述說了她在奧勒岡州波特蘭成長的經歷，那是一個人口稠密，卻擁有全國最大野生市立公園的城市。她和雙親住的房子就在公園的幾個街區外，她是在那個公園長大的。當家裡氣氛變得緊張（經常是如此），她會去那裡做白日夢、跑步、避風頭。當她在家裡實在待不住，就會在夜裡偷偷溜出後門，到樹林裡睡覺。她愛上了樹。比起和其他人在一起，她在森林裡感覺更自在。對她來說，泥土和常青樹碎屑的濃郁潮濕氣味就是家的氣息，也是安心的氣息。

自從搬到西雅圖，她就一直在尋找一片能讓她重拾那份感受的野地，而她在島上找到了。

約翰在布魯克林長大，對他來說，大自然是短暫造訪的地方。你去野餐，鋪上毯子，「回到家就把大自然忘得乾淨」。可是談著談著，他意識到他的抗拒遠不止於此，這和他的雙親有關。他們住在維也納，他的父親是一名學醫的拉比[5]。但他們不得不逃離納粹大屠殺，失去曾經擁有的一切——公寓、家具、衣服、照片和祖傳寶物。口袋裡僅有一塊方糖和一顆檸檬的他們，徒步翻越阿爾卑斯山進入瑞士，才得以逃脫。後來他們移民到約翰出生的多明尼加共和國，一無所有。

他老爸曾說：「千萬別以為你現在居住的地方是永久的。沒有什麼是永久的。」

約翰的信仰體系是：別投資在身外之物或房地產上。要投資教育，這是可以永遠帶在身上、任誰也奪不走的東西。

這次談話後，我們的財務狀況、好惡和核心性格並沒有改變，但對彼此的進一步了解提供了前進的方向。最後，我們藉由妥協找到兩全其美的方式：如果茱莉同意在家中維持猶太潔食（Kosher）[6]廚房（這對約翰很重要），約翰就同意買一間島上小木屋。要是兩年後他原先的想法依然不變，他們就把小木屋賣掉。

劇透：後來我們沒賣掉小木屋。這場爭執讓我們走上新的生活道路，如今我們每年大半時間都住在島上。這件事讓我們產生了一個重大構想，同時成為和許多伴侶合作時的巨大突破。我們稱之為「衝突中的夢想」（dreams

5. 編註：猶太教的宗教導師，地位近似於神父、牧師等神職人員。
6. 編註：根據猶太教的飲食規定，食物分成「潔淨（可食）」與「不潔淨（不可食）」，對於食物的烹調方式也有嚴格限制。

within conflict）練習，大多數的爭吵其實和表面上爭吵的事無關，而是隱藏在對衝突所持的立場底下，那更深層的東西。當伴侶間遇上無法取得進展或無法談論的僵局，底下往往潛藏著一個尚未實現、甚至還沒被承認的人生夢想。就拿我們來說，我們花了大量時間爭論是否買得起小屋，多年後才終於找到雙方都需要回答的癥結點：「針對這件事，你的夢想是什麼？你的恐懼又是什麼？」

當我們把這個想法帶到實驗室和伴侶工作坊，會發現這種解決衝突的方法（思考、談論彼此的夢想）在87％情況下可以帶來重大突破，對那些情緒低落的伴侶也一樣。有些伴侶來到工作室時已經離婚，但他們願意繼續努力，很多甚至獲得了成效。

這意味著什麼？大多數衝突最終無關乎性格，或輪到誰洗碗，或銀行裡有（或沒有）多少錢。它關係到夢想、價值觀、歷史，甚至是幾代人的歷史。這就是為什麼愛的地圖很重要，為什麼發問很重要。

對彼此內在景致的描繪越徹底，就越能全面了解伴侶對未來的想法和他的過去，以及這些如何形塑了他。以我們為例，彼此愛的地圖上存在著一些大缺口，然而我們可以毫不誇張地說，當你填補得越多，就越能理解你的伴侶來自何方。我們經常使用這種說法，奇妙的是，它正適合用來形容你了解某人和被某人了解。遇見彼此之前，你們都擁有完整的人生。你來自你的獨特「國度」——充滿歷史、痛苦和歡樂，有著無數細節和微小差異——而你的伴侶來自另一個國度。當你試圖繪製一張伴侶所來自的「國度」的地圖，你必須意識到這份地圖繪製工作永遠不會完成，這是一個了解你的伴侶是誰，以及他們如何隨著時間改變的終生課題。我們向你保證：一旦懷著好奇接近你的伴侶，你將有發掘不完的新鮮事。即使相守了一輩子，仍會有驚喜等著你。

做個地形學家、畫張地圖

威廉和瑪麗安在華盛頓州奧卡斯島（Orcas Island）生活多年。如同島上許多人，他們搬去那是為了尋找不一樣的生活——過著簡單自足、只使用自己所需和現有東西的生活。他們擁有的不多，但似乎並不介意，他們在花園裡栽種大部分食物，瑪麗安很自豪能自己修理損壞的設備和家具。他們住的房子是自己蓋的，他們的日常作息就像因頻繁使用而磨損的熟悉痕跡；他們處得很好，但有時會擔心事情變得乏味。

成熟愛情的輕鬆自在，可能讓我們懷念新戀情的新鮮和刺激。我們或許以為伴侶身上沒有什麼新東西值得探索，但每個人和伴侶的內在景致都是不斷更迭變化的。此外，即使和某人共處數十載，仍有很多東西是我們可能從未發現的。一旦重新開始問對方重要的問題會怎麼樣呢？驚喜連連。

威廉和瑪麗安多年來一直在烤箱壞掉的廚房裡做菜，那是她一直想修理但沒能成功的東西之一。況且，只用上面的爐子就能正常下廚，於是他們就這樣和故障烤箱安然共處了……十五年。

後來 COVID-19 疫情爆發，和所有人一樣，威廉和瑪麗安被困在家裡，需要找事情做來打發時間。有一天，瑪麗安問威廉對什麼事感興趣。

「有件事我真的很想做，就是烘焙，但現在沒辦法了，」他說：「我們能不能把烤箱修一下？我真的好想烤東西！」

瑪麗安大吃一驚——這些年來威廉從不曾對烘焙表現出絲毫興趣。「喔，」她說：「好啊，既然你這麼想做。」

她把「修繕女王」的自尊拋到一邊，他們請人來看烤箱，結果一下子就修好了。而且驚人的是，威廉竟然是個烘焙高手。他立刻著手烤出用黑麥和酵母麵團做的漂亮麵包，以及各式各樣的蛋糕、餅乾和鬆餅。真是令人欣喜。如今他們一起做各種烘焙點心，威廉談到他如何學會烘烤麵包，以及為何熱愛烘焙，各種瑪麗安從未聽過的童年回憶一一浮現。他還提到自己總是幻想有天能開一家麵包店。

這對他們來說是一項很棒的活動——一起消磨時日、享受樂趣，並再次聊起未來——這麼多年來，她竟然從沒想過要這麼做。

這就是你今天和本週剩餘時間的目標：做個地形學家、做個愛的地圖的繪製者。把它當作你的工作：你將進入一片自認為了解的風景，認真環顧周遭，有什麼改變了？你對伴侶內在世界的了解有哪些盲點？

結婚三十四年後，約翰仍每天和茱莉一起做這件事。他總想知道：她正在想什麼？她今天打算做些什麼？她在擔心什麼？她在期待什麼？我們生活中出現了哪些新事物（新朋友、新作息、升格當祖父母的可能性）是我可以問一下的，看她對這些事有什麼想法？我現在對她了解多少，不了解多少？

換句話說：我錯過了什麼？

通常，一旦開始探索，你不僅會找到想尋找的，還會發現一些意想不到的訊息。愛的地圖變成了藏寶圖。

今日實務

問重要的問題

今日作業：問伴侶一個重要的問題，看看會有什麼結果。重要的問題是開放式問題，並不局限於是或非，沒有單一正確答案，答案太多了，而你作為地形學家的工作，就是跟隨伴侶的方向一路往前走。

重要的問題不見得要多嚴肅、重大，或要探討生命的意義——當然要也可以！不妨考慮以下問題：

- 你這一生還有哪些未完成的事？
- 你希望我們的孩子從你的家族中得到什麼傳承？
- 過去一年裡你有什麼改變？
- 你現在的人生夢想是什麼？

重要的問題也可以很有趣、輕鬆和傻氣：

- 如果你可以在二十四小時內變成任何一種動物，你想變成什麼？為什麼？
- 如果你能為我們設計一棟完美的房子，它會是什麼樣子？
- 如果你可以明天一醒來，擁有三項新技能，你希望是什麼？

你可以使用其中一個問題，或提出自己的問題。只要是開放式、思考和討論起來很有趣的問題都可以。不需要深入探究當天最棘手的課題或衝突點，你會驚訝於其中一些問題帶來的功效。

以下是我們最喜歡的問題之一，無論剛認識或已經在一起五十年，都很適用：

你認爲改變你人生的五部電影是？

這個問題最早由我們輔導的一對夫妻提出，丈夫問了結婚二十年的妻子，而他們怎麼也忘不了，她想到的第一部改變她人生的電影是：《單身貴族》（*Singles*），一部以西雅圖為背景的一九九二年經典片，敘述一群二十來歲的年輕人玩音樂、在咖啡館打工、開創事業、胡亂墜入愛河的故事。她回想十幾歲時觀看這部電影如何在她腦中烙下一個想法：總有一天，她要成為一個二十來歲、住在西雅圖並在咖啡館工作的年輕人。當她大學畢業，這正是她的寫照，她還在咖啡館遇見她的丈夫，在她為他沖泡拿鐵時，他對她微笑，並在奶泡機的尖嘯聲中和她攀談。這部電影是他們共同生活的起因，而她吃驚地發現他竟然沒看過。於是他們立刻看了這部片，並花了整晚的時間討論幾年前他們剛搬到這座城市時各自憧憬的生活，目前的共同生活和當初的憧憬有何相似之處，又有何不同。他們談到自己如何逐漸偏離了夢想，以及如何重新找回夢想。

問彼此一個重要的問題，看它會帶來什麼結果。

額外加分：讓對話持續

鼓勵伴侶多說一些，提出探索性的說法，表達興趣和好奇心，你不必對所有事情做出回應，也不必解決他們的問題。事實上，試著忍住不要解決問題，那是另一種類型的對話，不是今天的目標。繪製愛的地圖是傾聽、認識所愛的人身上的新事物，並且享受得來的驚喜。如果你本能地想要進入解決問題模式，或反駁他所說的話，就在心裡把它暫時擱置。告訴自己：現在不行——可以稍後再談。

保持談話動能的簡單方法：

- 「跟我多說一些關於……的事。」

・「說說這件事的經過！」
・「這事發生時，你有什麼感覺？」
・「繼續說……」

障礙排除

你想開始向伴侶詢問更多人生問題，而且也希望他們對你如此。一開始或許有點困難或生疏，如果你覺得很難讓對話推進，不妨考慮以下幾個建議：

・**你們的關係到達什麼程度？**如果你們才剛認識，就不適合問太過私密的問題，他或許還沒準備好暢聊自己的人生夢想和願望。別急，你們才剛開始繪製彼此的地形。隨著時間你將不斷補充細節，尤其如果你養成了習慣，總是對你的對象充滿好奇，並努力填補自己欠缺的知識。

・**你們有多少時間？**問題越深入，需要討論的時間就越長。你不會在客人來家裡吃晚餐前，問伴侶關於童年時期的痛苦回憶。要選擇和當下情況相稱的問題。晚餐是絕佳時機，你可以擴大問的對象，把孩子、雙親或其他親友也包括進來。「如果你可以任意擁有任何技能或才能，你會選擇什麼？為什麼？」這問題從四歲到一百歲都適用。

・**出去走走**。如果你對這種溝通方式感到生疏（也許你們有好一陣子不曾問彼此這類問題了），可以邀伴侶去散散步。當你們不是坐著大眼瞪小眼，而是步行，便可以擺脫迷惑和彆扭！不知何故，移動身體有助於對話的進展。也可以隨時利用一起做家事的時候——摺衣服、下廚或清理車庫——抽出片刻來談話。

· **把它當作遊戲**。下載免費的「高特曼紙牌」（Gotman Card Decks）應用程式，該程式包含大量的虛擬「紙牌組」，上頭列有各種問題和提示，其靈感來自我們在伴侶工作坊使用的實際卡片組。找到名為「開放式問題」（Open Ended Questions）的紙牌組，兩人輪流翻開紙牌，挑選一個問題讓對方回答。有時候很難找到完美、自然不做作的時機來提出人生問題，不妨試試即興的「我們來玩個遊戲吧！」。

· **示範**。萬一伴侶對你提出的問題反應冷淡，可以提供一些關於自己的訊息來緩和氣氛。「如果可以任意選擇第二種職業，你會做什麼？」你先回答：「疫情爆發以來，如果能重新選擇，我想當一個流行病專家。我很樂意做這個工作，我以前對科學很感興趣，但覺得自己不太行，因此從沒認真追求。我一直覺得科學很有趣，而且真的是一種很棒的貢獻方式。那麼——你呢？」指出你想要進行的對話方向，讓對方更容易跟隨。

第3天
表達感謝

每一種伴侶關係都是獨特的，因每個人過去的歷史、個性、願望、溝通方式不同，而帶來獨有的挑戰。除此之外，世界還會給我們施加壓力：財務壓力、工作要求、家庭要求和歧視。每一對走進我們辦公室的伴侶都是絕無僅有、獨一無二的，是以上種種因素和影響的混合，沒有其他關係和它完全一致。但與此同時，和那麼多對伴侶、如此多的人口類型一起工作，其中一項難能可貴的特權是，能看到許多我們都擁有的共通點（point of overlap）。而最大的共通點之一便是：我們都希望受人感激，我們的努力得到認可。我們都希望被看見。

你戴了眼罩

諾亞和梅莉莎是一對三十多歲的夫妻，在許多方面取得了成功。身為有成就的專業人士，他們在各自的領域表現出色。十年來，他們每週工作上百個小時，創辦並經營自己的公司。他們共同蓋了棟房子，生了孩子，孩子如今已是蹣跚學步的幼兒。經過漫長等待，他們準備再領養一個孩子。為了改變生活方式，他們賣掉公司和建造的房子，買了新住處，試著放慢生活腳步。可是，如同他們的描述，他們「不斷在找事情做」。他們著手翻修新房子，梅莉莎開始寫一本書，生活似乎一如既往地忙碌。

他們雄心勃勃、幹勁十足、聰明又勤奮，但他們累壞了。十年超時工作、育兒，所有時段都被占滿的生活讓他們筋疲力盡，不堪負荷。要做的事情太多了，多到滿出來。兩人都覺得肩負著解決一切問題的責任。當他們環顧四周，就只看到還沒做的事、對方沒有做的事。大疊未繳的新帳單、還沒安裝好新浴室的電線、必須有人去做的無止境育兒任務清單（預約醫生、買新鞋、添購尿布等等）。他們沉浸在沒完沒了的工作、生活和養育孩子的混亂中，而待辦清單似乎越來越長了。兩人都覺得已經盡了最大努力，卻仍然毫無進展。他們很容易看著對方然後看出（並說出）所有不足之處。

梅莉莎會以一種不帶感情、分析性的方式指出諾亞的所有疏失，他早該做完x或y的，他應該懂得為z預做安排的。對此，諾亞會做出激烈反應，發火並替自己辯解。對於她的批評他總覺得冤枉，他會猛烈回擊。他的反應則招來她更多批評，事情就這麼不斷循環下去。

諾亞和梅莉莎的情況並不罕見，現今的夫妻如此努力工作，以致成了兩條平行軌道，就像火車一樣，他們在各自的路徑上行駛，沒有交會。每個人都專注於規劃自己必須完成的事，然後確實把它搞定，以致往往沒注意另一半在做什麼。我們的目光狹隘到只看得見自己的任務、挑戰和無止境的待辦事項清單——事情太多了，我們宛如戴上了眼罩。

長久以來在伴侶諮商領域，心理師認為不幸福的伴侶沒有在典型的一天當中善待彼此，換句話說，沒有足夠的正向行為，例如面對彼此尋求連結、互相幫忙、用動作表達愛意等等。他們訂出許多「積極日」（positivity day），在這天伴侶的任務是增加對彼此的善意和為對方效勞。但不久他們便把這策略扔進了垃圾桶，因為根本行不通。結果發現，一般來說，人們對彼此相當好，只是沒注意到伴侶對他們的好。

一九八〇年，羅賓森（Elizabeth Robinson）和普萊斯（Gail Price）兩位

研究人員進行了一項調查，他們在人們家中設置兩名觀察員，分別觀察配偶雙方。這些觀察員的任務，是客觀地尋找人們為伴侶所做的正向的事。同時，他們訓練配偶互相觀察，並把「令人愉快和不愉快」的行為記錄在配偶觀察清單上。

他們的發現非常驚人：婚姻不幸福的夫妻錯過了50%另一半所做的正向的事。並不是說婚姻幸福的夫妻比不幸福的夫妻為彼此做了更多窩心或有益的事——他們只是更精於看見另一半所做的事。

觀察自己的伴侶時（事實上，觀察自己的生活也一樣），我們往往注意到負面而非正面的東西，負面事物就像閃爍的霓虹燈一樣顯眼。部分是因為人類大腦運作方式的某些演化面向，人基於預設就是會掃描問題，因為解決問題有利於生存。同時我們也想相信自己是世界的客觀觀察者，收集的訊息是公正無私的。但腦科學告訴我們的卻恰恰相反：當你尋找問題，就會看見問題。你腦內負責根據假設和期待來過濾所有訊息的注意力和處理網路會確保這點。

心理學者魏斯（Robert Weiss）創造了「負面情緒支配」（negative sentiment override）一詞，藉以描述當人對於一段關係的負面情緒變得強烈和習慣，以至於對他眼前實際發生的正向時刻產生了負面影響。當你處在負面視角，你會透過扭曲的鏡頭去看伴侶和他的行為。你看不清楚是因為沒有看到全貌。你專注於負面的事物，忽略了正向甚至中性的東西，互動也變得帶有負面解釋的意味。

想想你是否時不時出現以下例子描述的行為：

1. 你只看到伴侶做錯的事。想像一下，整天尾隨伴侶在房子裡轉來轉去，每當伴侶做錯事或忽略做正確的事，你都會注意到並加以記錄和追蹤。任何大小事都不會放過。你在建立一份清單，列出伴侶的所有不足和令你失望的地方。你不再給他們無罪推定。當你看到水槽裡有一堆午餐碗盤，你不會想，哎呀，他接連開了幾場Zoom視訊會議，抽不出時間。你會想，他不像我那麼在乎這個家。

2. 你不會告訴伴侶你需要什麼或想要什麼。你覺得需要伴侶做的事太明顯了，根本不需要你指出來或提出要求。你會想，他知道這事需要有人去做，但就是無視，或者她知道這對我很重要，但她不在乎。當伴侶沒按照你希望的方式上前表現，你就會責怪他不肯做。

3. 你會向伴侶提出要求或想要的東西，當他沒按照你的方式做，你就會批評。你的目標很合理：把事情做好，而且做對！你希望他洗衣服……但不能讓你的毛衣縮水；你希望她偶爾下廚做晚餐……但不能把你買的昂貴羊排煮過頭；你給了伴侶一項任務，他也願意為你做……但隨後你又過度控制他的做法。結果是，這並不會讓他想著下次要做得更好，只會讓他根本不想去做，因為他討厭被約束，最後彼此都一肚子怨氣。

蓬勃發展的關係有賴伴侶間活絡的讚賞文化（culture of appreciation），

在這種文化中，我們既善於注意到伴侶做錯的事，也善於注意到所有他們做對了的事。我們很容易落入只看到他們沒有做的事情的陷阱。你發展出一種敘事，在其中你是那個付出所有努力的人，而且開始相信那是真的。當你只掃描負面事物，多半就只會找到那些。

打破這種預設的心理習性（mental habit）意味著建立一種新習性：掃描正向事物。如果你們的讚賞文化逐漸消失或不存在，這是啟動它復甦的最迅速有效的戰略。變更你的預設設定，開始尋找對的事，而非錯的事。

改變你的濾鏡

和我們共事過的一對伴侶在這方面做出了重大改變，而一切都得歸功於……咖啡。

當喬爾和大衛來找我們時，他們正處於對彼此失望的模式。雙方都覺得無論多努力，永遠無法滿足對方。兩人都自述了一連串對彼此的抱怨，大都是小事，但我們都知道小事可以像水槽裡的碗盤，一次丟一支髒叉子，越積越多。雙方都覺得自己被占便宜，好像一手包辦了所有家事，兩人都很憤慨。

有一天，他們來接受諮商，兩人看起來很不一樣。他們之間的活躍互動顯而易見，有一種新的熱情和親密感，他們甚至在沙發上坐得更近了，看來比平時更放鬆、開放。諮商很有建設性，成效也很好。

我們問：哪裡改變了？

他們對看。喬爾笑了笑，聳聳肩。「他謝謝我煮咖啡。」他說。

一週前，喬爾出差去了。早起煮咖啡是他的習慣，上班前會把溫熱美味的咖啡留在保溫瓶裡，讓大衛（十足的夜貓子）起床時，就有熱呼呼的新鮮咖啡可以享用。喬爾這麼做了很長一段時間（從結婚前的交往初期就開始），以致它成了背景的一部分，大衛早就沒怎麼留意了。但喬爾不在的那週，大衛醒來，面對靜悄悄的廚房和冰冷的空咖啡壺。他自己磨豆子，摸索著陌生的機器，意識到自己是多麼感激並依賴這個小小的、日常的善意行為。他開始想，還有什麼是被他視為理所當然和忽略的事。

當然，一句「謝謝」不會神奇地解決所有問題。然而，它的作用是讓他們的負面濾鏡（negative-filter）鬆動了。大衛這麼說：「當我開始尋找他做對了的事，便發現它無所不在。當然，還是有很多問題出現，但更多的是正向的東西，那些問題似乎也變得無足輕重了。」

掃描正向事物而非負面事物，是另一種使用大腦的方式，你必須訓練大腦來做到這點。因為在許多方面，你都被預先設定會自動去注意負面事物，因此並不是開關一按、決心去注意積極面那麼容易。一開始需要付出一點努力，就像學習騎單車。但可喜的是：人類大腦具有驚人的神經可塑性，意思是你可以藉由練習尋找正向事物，來「重組」（rewire）神經迴路。

神經科學家、威斯康辛大學麥迪遜分校健康心智中心（Center for Healthy Minds）創始人兼主任戴維森（Richard Davidson）發現，積極性實際上可以透過腦部掃描被看到。該研究使用腦電圖（EEG），透過許多貼在頭皮上的小電極來偵測大腦中的電波活動。當人們被要求在腦電圖檢查中描述自己典型的一天，抑鬱症患者大腦的右前額葉比左前額葉有更多活動，右前額葉是我們處理恐懼、悲傷和厭惡等情緒的區域，這些情緒往往導致人的退縮或避免與他人互動；同時，大腦的左前額葉是驅使我們接近他人和外界的情緒區域，例如愛、興趣、好奇心，甚至憤怒。憤怒實際上是一種「接近」（approach）情緒，它能讓你和他人接觸，而非退縮。積極腦和消極腦不僅在腦部掃描中看起來不同，運作方式也不同——有特定區域和路徑被電波激活。當人陷入對周遭負面事物的搜索，會影響大腦的所有處理過程，會塑造你感知到的、關注的東西，以及你的感受和生活體驗。它不僅會塑造你看待周遭世界的方式，還具有「下游效應」（downstream effect）[7]，會影響你的心理甚至身體健康。戴維森發現，正念冥想——當注意力偏離時，將它轉移回當下的練習——能扭轉負面的思考習慣，首先是在冥想過程中，最終，是更持久地扭轉。

重點是：當你把時間花在尋找正向事物，而非負面事物（可惜對多數人

7. 編註：指現在的後果是由先前發生的事件所造成的。

來說，掃描負面事物是大腦的預設操作模式），就能在細胞層次上改變大腦功能。你會建立新的路徑，激活新的突觸。你可以訓練大腦擺脫負面濾鏡，以不一樣的方式感知世界。這對你的大腦、身體和人際關係都有好處。

正向視角的力量

我們對許多經歷家庭暴力的伴侶進行研究，想看看追求正向的大腦訓練，加上更好的自我安撫能力，是否能為他們帶來改變。但要注意：這些和我們共事過的伴侶所經歷的家暴，並不是具有「受害者／施暴者」互動關係的嚴重家庭暴力。我們致力於為一些遭受輕度至中度家暴的伴侶建立干預措施，在衝突升高時，雙方可能變得暴力，但並未造成傷害，且雙方都想改變。在這項研究中，我們為許多承受巨大壓力的人們開發了課程，這些人身陷貧困，並處於一種容易在衝突中變得暴力的循環。

為了向人們真實展示大腦和身體所發生的情況，我們採用一種小型生物回饋儀「emWave」（HeartMath製造），它可以測量心率的多變性，並顯示彩色「區域」，來提醒人們其心理和身體狀態。在紅色區域，人們處於高度亢奮（不好的）狀態，情緒高漲，容易爆發暴力。但他們可以到達綠色區域，方法是放慢呼吸速度，呼氣長於吸氣，同時想著某些正向事物，生活中能讓他們感受到愛或感恩的東西。將正向視覺化是一種強大策略，可以釋放壓力、調節心率並保持在綠色區域。

這些伴侶每週和輔導員會面兩次，每次使用生物回饋儀五分鐘，同時做呼吸練習和正向思考訓練。在為期二十週的研究結束時，甚至一年半之後，我們看到敵意減少了，友誼改善了，激情和浪漫增加了。我們消除了家庭暴力，並徹底改變他們在衝突中的生理機能，讓人們能在意見不合時保持冷靜。正向視角很強大，顯著地幫助了那些面臨極大困境的伴侶扭轉局面，這也意味著它對所有人都是一種有效技巧。

大腦再訓練！

我們剛開始和諾亞、梅莉莎合作時，他們顯然正處於這種負面濾鏡模式，整天都在互相「警告」對方。所以我們做的第一件事就是建議他們停止批評：從此禁止！批判性意見零容忍。我們說：「你們的大腦將會尋找負面事物，別讓出現在腦子裡的話直接從嘴裡說出來，就讓它們像沙子一樣悄悄流走吧。」

我們要求他們採取的下一步是互相窺探。整天緊盯著對方並且留意：他（她）做對了什麼？只要觀察，無需任何干預或評論，然後看他們有什麼發現。

真沒想到，梅莉莎發現諾亞為她、為他們的家和家務做了很多。首先，他每天給孩子洗澡，她第一次注意到他投入了多少時間和精力，他對他們的女兒有多麼慈愛，把她照管得多麼好。他做了許多額外的差事和家務，讓她有更多時間寫書。她一直對這次出書計畫感到焦慮緊迫，而他給了她很多鼓勵和情感支持。她非常吃驚他背負了那麼多重擔。儘管待辦事項清單仍然很長，她感覺自己的負擔減輕了。知道諾亞也背負了很多，感覺不一樣了。

當我們幫助她認識到他所做的所有正向努力，她開始經常把「謝謝你這麼做」這句話掛在嘴上。當她看見他的努力，這話自然而然就脫口而出，她覺得感動又感激，於是大聲說了出來。諾亞呢？他整個軟化了。如果說以前的他是一身尖刺和硬邊，現在的他就是一個溫熱的果凍。他的戒心、好鬥、不滿全都消失了。他們關係的負面螺旋式下降就在我們眼前發生了逆轉，即使出書計畫仍占據了她大量的時間，從她身上傳來的許多溫暖，讓他很容易感謝並回報她所做的一切。正向獎勵（positive reinforcement）和讚賞的循環有如一股上升氣流，讓他們的關係逐漸上升。

在新冠疫情期間，我們看到許多伴侶飽受負面濾鏡所苦。心理健康專家公布抑鬱症發生率大幅上升。疫情生活的限制成了嚴酷考驗，讓每個人承受著異常高的緊張和壓力，因為無法控制的外部力量讓所有人都待在家裡，每天二十四小時關在一起。突然每天膩在一起，你可能會注意到伴侶有很多和你不一樣的做事方式，優先處理事項也和你的不一致。看著伴侶放著一堆髒衣服不管，去給自己做午餐；你卻整個上午都忙著清理屋子，任誰都難以忍受。但讓我們回到基本事實：人在本質上是群居動物。當群居動物努力在壓力下合作生存，而不是陷入「人人為己」的心態時，會有最好的表現。我們越以正向方式互動——即使有時感覺像在坐牢——就越容易在充滿挑戰的時期度過難關，甚至不斷成長。尋找伴侶做對了什麼，是小小的心理調整，久而久之，這不僅會改變你大腦的處理模式，還會成為被我們稱之為「末日四騎士」的破壞關係因素的強大解方。當我們沒有建立強大的讚賞文化，批評（criticism）、鄙視（contempt）、防衛（defensiveness）和冷戰（stonewalling）就會飛奔而至。

要趕走四騎士，或從一開始就阻止它們進來，方法是讓不顯眼的變得顯眼。找出那些被隱藏、忽略的美好事物，加以留意、讚賞。然後我們可以進一步把鏡頭對著自己，問自己：當你對伴侶充滿愛意或感激時，會不會表達出來？會不會傳達出去？還是你總是假設對方應該已經知道了？

我們不再將這些想法和感受放在心裡，而是努力建立把它們大聲說出來的新習慣。如果你有感覺，說出來。一旦養成這個習慣，你和伴侶的關係恢復及改善的速度將會非常驚人。我們最近合作的一對伴侶，東尼和桑妮，面臨一種非常棘手的處境：丈夫東尼和他的前妻珍妮佛共同撫養他們的女兒。不幸的是，東尼和前妻的關係逐漸惡化。共同教養孩子的細微差異變得很難搞定，壓力很大，東尼和桑妮發現他們老是為了該如何處理和珍妮佛的每一次互動或問題而爭吵，感覺就像被珍妮佛從外面瞄準、攻擊，好像她是故意給他們的婚姻注入壓力和創傷。但實際上，東尼和桑妮太過專注於壓力和危機，以致他們同時也關注對方所做的一切負面的事，而這放大了他們的壓力。他們沒有表達愛意，沒看到積極面，而且還不斷互相批判。如今，每當東尼和珍妮佛之間有問題，他會覺得自己不能向桑妮提起，因為她會把事情扭曲，並把它當成是對她的攻擊。負面濾鏡無處不在，以至於我們最初見到東尼和桑妮時，他們的態度是：「我們幹嘛維持關係？有什麼意義？」

我們採用了什麼干預措施呢？改變關注焦點。要接受珍妮佛會帶來壓力和困難的事實，這點無法改變。此外，要專注於在家中創造健康的空間，經營健康、互相支持的婚姻。我們分別給了他們兩人一個使命。東尼的目標是讓桑妮這一週過得積極，桑妮則是要感激東尼的努力。

轉移注意力之後，他們突然看見自己的伴侶有多麼好，以及各自做了多少事。他們能夠一起解決問題、應付珍妮佛並共同撫養孩子，而不會讓毒性侵害他們的關係，造成隔閡。這真是相當神奇。在實際諮商中，我們只能為東尼和桑妮提供最低限度的幫助。他們能做到是靠著自己在家中真正採用讚賞策略，他們變得很擅長保護他們的關係，不受外在負面攻擊的影響，甚至無畏槍林彈雨了。

今日實務

表達感謝！

表達感謝是我們小時候最早被教導的事情之一：當有人對我們做出善舉或為我們費心，要表達讚賞和感激之情。你可能一整天不假思索地自動對同事、超市收銀員、替你扶門的陌生人說這句話。但在最親密的關係中，我們可能會忘了表達感謝有多重要。

我們的伴侶想知道他們能令我們滿意。他們的努力——儘管常常不盡完美——仍然會被看見和讚賞。他們沒有被視為理所當然，或被視而不見。對大衛和喬爾來說，表達感謝讓他們破冰，開啟了新的前進道路。梅莉莎和諾亞則發現，當人開始了讚賞循環，另一半很容易加入並強化它。因此你今天的任務是：

步驟1：做個人類學家

在今天剩餘的時間裡（或明天，如果你在夜裡讀這本書的話），你的工作就是充當間諜。忘掉待辦事項清單，向公司請幾小時假（或請病假——我們會在醫生證明上簽字！），要是做不到，請盡可能抽出一點時間來，在伴侶身邊看他如何度過日常生活。為了訓練你的腦子這麼做，你必須——再怎麼短暫都無妨——排除所有雜務，專心觀看。

今天一有機會就密切注意你的伴侶，跟著他到處走，記下他所做的每件事，尤其是正向的事！不要記負面的東西，例如忘了你要他收拾的一疊文件。相反地，要留意他極度專注地賣力工作了一整個上午，完成了很多事項，或者他清洗了早餐碗盤，接聽了電話，收拾了客廳裡散落的玩具，給自己煮咖啡時順便為你準備了一杯。要注意長期以來屬於他責任範圍的工作步驟，因為你可能不清楚其中涉及的細節。例如和我們共事的一對夫妻嘗試了這項練習，當天「扮演人類學家」的那位配偶驚訝於幫兒子準備上學的步驟竟然這麼多：叫醒他，給他穿衣服，勸他穿上鞋子，繫鞋帶，收拾好背包、午餐、禦寒外衣和手套。他沒想到這項工作的要求如此之高，因而對妻子每天早上的努力產生了新的感激之情。

不需要隱瞞你正在從事間諜活動的事實，不必搞得像《不可能的任務》那麼緊張。你可以告訴伴侶你正在觀察他，以便深入了解他的一天，以及他所做的一切。他們的行為不至於因為知道你在觀看而有太大變化。如果你們一起進行，那就輪流，你先當一陣子觀察者，然後交換角色。尋找那些因為日程衝突或焦躁不安而無法輕易看到的東西。用你的X光視力去觀察伴侶所做的一切，無論有多小、多稀鬆平常。觀看時，要超越那些任務和差事的基本技術，觀察伴侶在與孩子及其他人互動時如何表達情感。生活中的待辦事項清單很長，沒完沒了，而且每天都會自動增補。總是有更多事要做，以及還沒做的事。你的伴侶是否花時間與孩子互動、和年長雙親通電話、支持同事、和朋友聯繫？注意你的伴侶如何表現友善、慷慨和鼓勵，以及他們投入人際關係的方式。花這些時間很值得。

步驟2：表達感謝

為一些日常小事表達感謝。如果你一直在密切觀察你的伴侶，就會有很多機會這麼做。感謝他們把事情做好，即使這些事很細小，即使他們每天都做。事實上，正是因為事情很小而他們每天都做！但別只說「嘿，謝了」，告訴他這件小事為何對你很重要。「謝謝你每天早上煮咖啡。我喜歡在咖啡香氣和你在廚房裡忙碌的聲音中醒來，讓我可以開始新的一天。」

感恩：這對你的健康、人際關係都有好處。藉由一句謝謝，你開始建立（或持續加強）你的讚賞文化。這是許多愛情長壽大師所使用的最高技巧之一。

障礙排除

如果你實在太忙……

如果你無法請假或抽出幾小時空閒，不必擔心，你仍然可以運用其他策略來收集關於伴侶的有用訊息。

角色互換。如果一直是由你負責送孩子上學，那麼今天就讓你的伴侶來做吧；如果一向是他／她張羅晚餐，那麼今晚換你下廚。你們兩人甚至可以列出一張各自負責事項的快速清單，然後挑選一些可以互換的項目，看看處在對方的狀況是什麼感覺。

用餐時互相觀察。用餐時間是一天當中觀察彼此的良好接觸點。注意你的伴侶在用餐前、用餐時和用餐後做了些什麼，無論是準備、收拾工作，還是其他和房子、孩子、帳單等有關的任務。約翰經常注意到茉莉在早餐後、上班前的時段塞進多少雜務。他吃完早餐時，她在打掃露臺、給植物澆水、給餵鳥器裝滿水。你們在忙碌的一天中共進的任何一餐，都可以是密切「偵察」伴侶的好時機。

如果你實在擺脫不了負面視角……

回想你的過去，有時，當人在幼年有過糟糕的看護者，他們會把看護者當年所做的事和伴侶現在做的事混在一起。他們會不自覺地將這些感受加在伴侶身上，就好像雙親或看護者的鬼魂在那裡搗亂。

怎麼辦？試著活在此時此地，把對過去關係的負面感受隔離開來。試著注意你是否在精神上回到過去、做出臆測並挖掘出舊的感覺。我們提過正念冥想是改變大腦的一種方式，這時正可派上用場。專注在眼前這一刻，眼前這個人，這是你可以實際觀察到的。問自己：在這段關係開始之前，我是否有過這些負面情緒？跟誰？當時是什麼引發了這些感受？辨認、命名並追溯這類型的負面想法和感受，有助於你擺脫它們。

如果你自認看到了積極面，你的伴侶卻沒有……

記住：當你做這練習，你改變的是自己的想法和心理習性，你不會改變你的伴侶。最終，他們的想法和感受並不在你掌控中，但改變自己看待世界的方式是很強大的。你正在中斷負面循環，你拒絕餵養它或提供它繼續下去的燃料，這點太重要了。

如果你的負面情緒仍然揮之不去……

你可能正面對抑鬱症的問題。抑鬱症患者有滿腦子源源不絕的負面想法和感受，不只是關於自己的事，還有關於他人的。對他們來說，要觸及並理解自己所處的世界，觸及其中人們的正向想法和感受是極其困難的。如果你真的很難找到積極視角，或發現你的伴侶陷入無法這麼做的困境，那麼真正的問題可能出在抑鬱症。

抑鬱症可以藉由藥物和有效的心理治療得到緩解。如果你認為抑鬱症是你們關係中的「第三者」，請向你的家庭醫生尋求專業建議，他們可能會將你轉介給經過專門訓練的精神科醫生或心理師來幫助你。別擔心，有同樣狀況的人很多。最新數據顯示，至少9.5％的美國人時常經歷某種程度的抑鬱症。然而，在COVID-19疫情期間，這數字翻了三倍，飆升至32.8％。畢竟，如果你正遭受抑鬱症的困擾，可以獲得良好幫助，為何要繼續受苦？專業協助對你和你的伴侶關係都有好處，你不會後悔尋求援助的。

第4天

給出眞誠的讚美

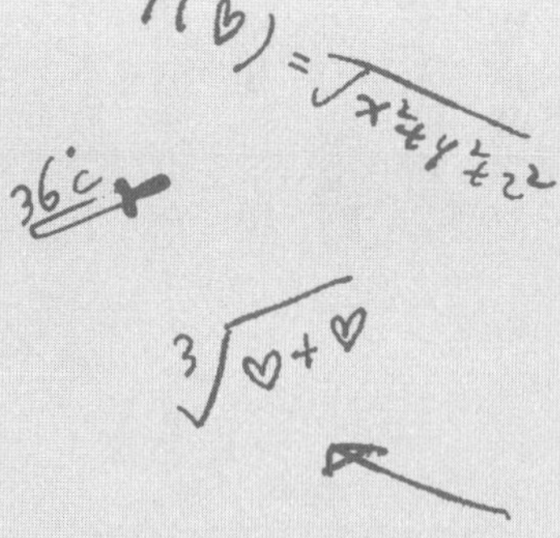

莫莉和卡羅琳是在山上認識的，當時她們剛大學畢業，年輕、充滿冒險心。她們都報名參加了美國志願隊（AmeriCorps），在美國林業局的同一支山徑小組工作。她們徒步進入華盛頓州北喀斯喀特，拖著重型工具清理倒下的樹木，重建小徑，甚至在天氣晴朗時睡在星空下。有一天，莫莉和卡羅琳在山徑上工作，兩人走在了一起，並且開始交談。那天工作十分繁重，但當她們聊到兩人都喜歡的電影、去過的地方、想去的地方、她們的過去和憧憬的未來，時間飛快消失。她們的對話一開始輕鬆有趣，但很快就變得深入。

時間快轉十年：莫莉和卡羅琳結婚了。她們不再在山上工作，不再穿上登山靴、拖著電鋸，她們投入了環保活動事業。雖然報酬不高，種種挫折令人灰心，但兩人都熱愛自己所做的事。幾年前，她們總算在北西雅圖買了房子，一棟漂亮的工匠風小宅，位在一個密集、適合散步的社區。房子離市區夠近，她們可以騎單車去上班；離山區也夠近，可以興頭一來在週末開車去健行。她們把屋前的小片草坪變成一座實用的小花園，用雪松木板搭建了高架苗床。但城市的生活越來越昂貴，財務壓力成了她們的沉重負擔。她們旅行的次數不如想像中頻繁——事實上，幾乎沒有。她們一直在討論建立家庭，但相關的成本實在高得驚人。莫莉認為她們應該搬離這座城市，住在一個較便宜、偏遠的地方。她們可以找新工作，展開全新的冒險！但卡羅琳喜歡她們的房子、花園和生活。她喜歡她的工作，而她喜歡現狀。

剛開始和她們共事時，兩人正陷入一種怨恨和自我防衛的回饋循環，雙方都劃定自己的領地，轉移所有她們認為是對自己的需求和願望的攻擊。一切都感覺像是攻擊。每當有人提出一個話題來討論，對話就會立即演變成小型戰爭。當莫莉在我們的一次諮商中提到養個孩子的事，卡羅琳立刻緊繃起來。

「我覺得妳只是不安分，」她說：「妳老想找新事情做。為什麼就不能靜下心來？為什麼我們現有的一切還無法讓妳滿意？」

「卡羅琳，這事我們談論過的呀。我們常說等時機成熟了就要養小孩。我們就快失去機會了。妳不能什麼事都拖泥帶水，還指望我在一旁等妳。」

她們開始拋出各種會腐蝕關係的批評，像鐵鏽侵蝕金屬般，侵蝕感情和友誼。但她們來到辦公室是有原因的：她們想為這段關係奮戰，想找到前進的道路。她們曾在並肩工作中墜入愛河，在荒野中闢出條條山徑，如今卻連最細的小路都無法一起邁進。

我們問了一個問題，這是考驗所有關係的一道最明確的試金石：「說說妳們是如何認識的。」

兩人都訴說了自己記憶鮮明的故事。我們聽了她們在岩地上度過不舒服的夜晚，在黑暗中從兩個分開的睡袋偷偷牽手。即使在持續不斷的衝突中，她們也輕易就回答了這個問題：「妳為什麼會愛上她？」

卡羅琳：「她是那麼大膽、愛冒險。總是走在隊伍最前面，帶領大家前往下一個工作，解決最艱難的任務。她似乎隨時準備迎接任何挑戰。」

莫莉：「我說話時她真的很用心聽。她真的很體貼，總是很有耐心又沉穩，感覺就像出海之後踏上堅實的陸地。」

不難看出，雖然目前陷入困境，她們身上仍有一些讓對方極為欣賞和愛慕的特質，而且彼此感受得到那種喜愛和欽慕的感覺。她們正經歷一段必須做出重大決定的艱難時期，但我們已經知道她們會沒事的。

這不只是第六感：我們在愛的實驗室追蹤三千對伴侶——其中有些長達二十年——所得到的數據顯示，幸福相守的伴侶總是能輕易說出對方身上令他們喜愛、欣賞的特質。他們對共同的過去有著清晰的回憶，當他們描述那段往事，敘事總是極為正向，他們會強調美好時光和好的一面。

任何關係總會存在衝突，無論伴侶關係有多牢固，無論兩人有多親密。如今我們知道，伴侶面臨的大多數問題都是永久性的——解決不了，無法修復。但能夠走得長久的伴侶，是那些每天花時間留意、記取他們選擇來共度人生風雨的人身上有哪些令他們欣賞的特質。欽慕不會憑空發生，而是要去做的。積極地欣賞對方——不只因為他所做的事，而是他的為人——有如救生筏內的空氣：縱使波濤洶湧，你仍然能安然漂浮。

你為何愛上你的伴侶？

回想當初，無論是幾個月、幾年或幾十年前。回想你們相遇的那一刻。你想著「好想進一步了解這個人」的那一刻。你下定決心兩人要長久在一起、共同生活的那一刻。他最初吸引你的特質是什麼？這個人的什麼讓你興奮？你欣賞他什麼？當你想像和他一起生活，你看重的是他的哪些方面？對你來說他是什麼人？

我們這些年來聽到的真實故事可以寫成一本書：是她的笑聲，從房間另一頭，穿過擁擠的聚會傳了過來。她的快樂好有感染力。

是他跟孩子們交談的方式。當時我們還沒有自己的孩子，我知道我想和他一起生兒育女。

她是那麼真實、真誠，敢於做自己。她顯然不在乎別人怎麼想。

和他聊天很有趣。第一次約會我們聊了好久，最後被餐廳的人趕了出去。

現在，如果我們問這些人他們伴侶的缺點，他們肯定能列出一份冗長的抱怨清單（事實上，說出上述發言的人，有些是像莫莉和卡羅琳這樣，由於關係出了問題而來到我們辦公室）。沒有人是完美的。每個人都有自己獨特的優點和特質以及……嗯，不太良好的地方。因此我們才成為人。坦白說，也因此我們才可愛，我們是因為彼此的特質而相愛，而不是無視這些特質。但是，當你們住在一起，共同撫養孩子，甚至一起工作（就像我們三十三年來一直在做的！），並努力在混亂的生活中維持下去，要記住這點可能就有點困難。有些人老是忘了將洗好的衣物在發霉前丟進烘乾機，或者遲遲未發現浴室已陷入年久失修的慘況，這些都會讓人覺得他們不那麼可愛。

如同上一章談到，當我們開始用負面濾鏡看待彼此，會發現可以詬病的地方太多了。這種負面視角不會隨著伴侶做了對或錯的事而停止。它會影響你對他們為人的觀感。他從不清理車子，變成他又懶又邋遢。她迴避我的母親，變成她反社會又愛評判。這種看待彼此的方式為關係殺手「四騎士」——批評、防衛、冷戰，以及或許最具破壞性的鄙視——敞開了大門。鄙視源自一種對伴侶的負面思考和批判模式，是一段關係的致命毒藥。它是離婚的頭號預測因子。它會影響伴侶雙方的心理健康，而且確實會讓你生病：研究發現，聽到伴侶輕蔑自己的人，在來年染上感冒、流感和其他疾病的可能性顯著增加。

好消息？對此有一種解藥。即使在困境、壓力、挫折、意見分歧或失聯期間，我們對如何看待彼此的掌控力都比想像中強許多。就像尋找積極面而非消極面（如同上一章討論過的），這是一種可以藉由每天練習、從小處著手加以培養的思考習慣。

愛情大師們的缺點並不比一般人少。他們的人生並非一帆風順，不是從沒遇過挑戰或衝突，也不是從不為了伴侶的嚼食方式而惱火，不會因為伴侶不擅長理財而沮喪。他們和我們所有人一樣有很多弱點和不完美。但他們擅長看到伴侶與生俱來的良好特質。他們精於記取並時時感念另一半身上許多令他們欣賞的優點。而這將成為對抗所有破壞一段關係的力量的堅固盔甲。

成就或破壞你的數學比率

這裡有個人人都該知道，關於愛的實驗室的統計數字：五比一。

這是伴侶在衝突期間，為了讓愛情長久維繫，所需要進行的正向互動與負面互動的比率。對於每一次負面互動，你需要五次正向互動來彌補。

我們在愛的實驗室的一項大型縱向研究中發現了這點：伴侶們一進來，我們讓他們坐下、放輕鬆，給他們十五分鐘時間解決歧見，我們則坐在一旁觀看。之後，我們仔細研究他們的錄音和紀錄，記下每個小片刻並加以歸類：微笑、小玩笑、撫觸對方的手、表達同理和興趣、說「我了解」、點頭、表現善意，這些都是正向的；惡毒言語、拉高嗓音、斥喝、批評、責怪、表現冷漠，這些都是負面的。

我們觀察伴侶、記錄數據，然後讓他們回去繼續過日子。六年後，我們加以追蹤。你瞧，那些在衝突期間至少保持五比一（或更多！）比率的伴侶仍然幸福地在一起，仍然相愛。

衝突期間會出現負面情緒。這些伴侶並不完美。沒關係，我們都只是人，我們都會犯錯，把氣出在身邊或最親近的人身上。我們可能會不公正、看不清大局或被一時怒火沖昏頭。說一些無心的話，或以一種讓自己後悔的方式行事。我們不需要一臉冷漠、客客氣氣或迴避棘手的談話，但確實需要檢查一下自己的正向測量表，確保它累積了足夠的積極性。負面情緒可以是烈性毒藥。比起正向情緒療癒、拉近關係的力量，負面情緒造成傷害、帶來痛苦的力量要大得多。這就是為什麼我們在衝突期間需要五倍於負面事物的正向事物。但要知道：你可以打贏這場對抗負面情緒的戰爭。你可以用正向互動來「斟滿你的酒杯」，如此一來，當負面情緒出現，它會被稀釋、會失去效力。

好了，有一點要特別注意，我們一直在討論衝突期間正向互動和負面互動的最小比率。那其他時候呢？

這個比率躍升到了……二十比一。

在典型的日常生活中，當你和伴侶忙著自己的事——下廚、商量家務、養育孩子、聊一天的生活——你需要至少二十次正向互動，來平衡每一次負面互動。愛情大師們總是保持二十比一，甚至更高的比率。那些即將離婚或不幸福的伴侶則呈現出失衡的比率，負面數字偏高。

為何會出現這種情況？因為，我們往往根本沒察覺自己對伴侶的負面影響。

你的意圖和影響力相稱嗎？

為了找出行為模式來比較不幸福和幸福的伴侶，我們最早用的方式之一是透過叫做「談話桌」的設計對伴侶間的互動進行「編碼」。這是約翰和羅伯·李文森（約翰的第一個研究夥伴）早期建立的，早於我們在西雅圖成立愛的實驗室，當時他們剛開始探索人類愛情生活中的數學模式。那是一張樣子很有趣的桌子，兩邊都有斜度和按鈕，就像你和伴侶一起玩的電玩遊戲臺。如果你和伴侶作為參與者一起進入我們的第一個實驗室，情況會是這樣的：你們會分坐在桌子兩端，我們會讓你們談話。我們會問你們一個問題，例如：你們持續意見不合的主因是什麼？我們會提示你們努力解決……然後觀察。

你們會單獨待在房間裡，但我們會在相鄰房間觀察，對準臉部的攝影機會捕捉你們每個瞬間的表情，我們則在分割螢幕上觀看。

你們面前各有兩排按鈕：一排代表意圖（intent），另一排代表影響力（impact）。一排有五個按鈕，從正向到負面不等，中間代表普通（想想你網路購物後所做的購物體驗問卷）。按鈕的範圍從極差到極好，中間有幾個選項。你們兩人輪流說話，輪到你發言時，靠你這端的桌上會有燈亮起。當你說完後，你可以按下開關讓伴侶發言。每次交棒時，你們都會分別記錄對這一小段談話的體驗。如果剛剛說話的人是你，你可以按下「意圖」按鈕列中符合想要傳達給伴侶的方式的按鈕。同時，你的伴侶會按下「影響力」按鈕列上最能描述他／她對你的發言有何感想的按鈕。我們想知道：人能否產生自己想要的效果？

招募伴侶進行這項實驗時，我們想確保能對幸福夫妻和不幸福夫妻的習慣進行仔細的比較。我們希望能真正揭示美好關係是怎麼回事，以及這些人和一般人究竟有何不同。因此，我們從光譜兩端進行了過採樣（oversampling）：招募了要麼很幸福，要麼很不幸福的伴侶，沒有介於兩者之間，會擾亂數據的情況。

我們想弄清楚：意圖和影響力之間是否存在著不協調？伴侶間是否能對彼此產生他們想要的效果？

結果我們發現：意圖並不重要！每個人都會有正向的意圖，即使他們的行為充滿憤怒和敵意。意圖毫無意義，影響力才是一切。極不幸福的伴侶和極幸福的伴侶之間的差異，可以歸結為一件簡單的事：幸福的伴侶對彼此說話時比較友善，他們對待彼此比較溫柔，沒有批判、輕蔑或嘲諷。而且這當中存在劑量反應關係（dose-response relationship），意即他們對彼此越友善，結果就越好。

如今，幸福美滿、長久廝守的伴侶不只有一種樣貌。托爾斯泰寫道：

「幸福的家庭都是相似的，不幸的家庭卻各有各的不幸。」對托爾斯泰來說很遺憾，但這說法在科學上並不正確。有些成功伴侶相當情緒化；有些則完全不會。有些表情生動，甚至喜怒無常；有些則像名畫《美國式哥德》（American Gothic）中那對板著臉的嚴肅夫婦。完全沒變的是正向和負面互動的比例。幸福的伴侶更積極、更有同理心。再次強調，每個人都有正向意圖，但對於幸福伴侶來說，影響力和意圖是相稱的。

我們又做了一次調查，這次針對不同背景的人：上一次調查的參與者是大學生和研究生，因此這次我們進入印第安納州南部的一個鄉村社區。但即便如此，結果基本上是一樣的，誤差範圍落在小數點後兩位。獲得如此穩定的結果，真是十分驚人。我們因而能夠利用這些發現來觀察伴侶，並預測他們是否會幸福相守。

所以我們知道需要達到一定程度的正向互動，也知道人的正向意圖並不見得總是管用。那該怎麼做呢？

培養同情心

在上一章，我們談到如果你環顧周遭，只看見錯誤、不完整、不完美的地方，所產生的損害。現在，拿出負面濾鏡，想想你有多常將它用在伴侶身上——不光是他做了什麼（或沒有做什麼），還有他的為人。

昨天，我們的重點是感恩，以及對特定行動表達感謝。現在，我們要談的是欽慕（admiration）。欽慕是從根本上佩服、珍視伴侶的為人，而不一定是他做了什麼。當然，他可能會透過行為來展現自己的為人，但欽慕主要關係到他的個性、與生俱來的諸多特質——從浮面的（他的漂亮很眼睛！）一直到深刻的（他的靈性、他的樂觀，他的愛的能力）。

我們想在這裡強調一點：這不是要戴上「玫瑰色眼鏡」。這是一個很常見的片語，但我們從沒用過。它暗示著一種虛假或欺騙性的正向詮釋，而這完全不是我們想討論的。我們主張充分了解自己的伴侶：接納他們的美好特質，同時也要對各種持久性弱點（enduring vulnerability）抱持同情。這是加州大學洛杉磯分校研究員兼心理學教授布萊伯里（Thomas Bradbury）創造的用語，用來描述我們由於生活經歷——可追溯到童年——經年累月形成的特殊敏感性。我們的持久性弱點，往往是伴侶可能不太喜歡我們的許多特質（例如不安全感、恐懼、易發怒，或者該融入時卻狀況外）的根本原因，但當我們了解它們的來源，共處起來就會容易很多。

剛結婚時，我們有過一次看似莫名其妙的爭吵。有一天，約翰下班開車回家，腦中突然浮現一絲擔憂：我們有沒有付錢給那個水管工人？對他來說，準時付工資給雇用的工人非常重要，他知道他們依賴這筆收入，他希望能確實掌控，但也許茱莉已經寄了支票。他進了家門，放下外套和提包，說：「嘿，妳付錢給水管工了嗎？」

她臉上的憤怒讓他吃驚。「那你付錢給水管工了嗎？」她生氣地離開。

約翰很困惑。他記得當時他想：我是不是娶了一個瘋子？她的反應似乎和發生的事不成比例。當時他們剛結婚不久，但有一件事他很確定，那就是別悶著頭瞎猜，要直接找她問清楚。談著談著，茱莉描述了小時候放學回家的情景，她一走進家門，母親總是還沒打招呼就開始挑毛病：「妳就穿這樣去上學？」、「妳的錢包呢？是不是又忘了帶？」

茱莉告訴約翰：「當我們一整天沒見，對我來說重要的是，你起碼先打招呼，說些善意的話，或者問問我這天過得如何。」

一旦他了解，修復就變得容易多了。

如今，每當他們分開後再見面，約翰會表現出他真的很高興見到她，很高興她的存在。

欽慕和欣賞你的伴侶不光是看見好的方面（這也很棒，是我們稍後會在練習中做的），同時也要理解伴隨他們生活的許多負面事物。我們在幸福、成功的關係中看到的是，人們確實互相讚賞彼此擁有的所有美好特質，至於那些難免不那麼美好的特質，他們也能對彼此的持久性弱點抱持同情心。

有些人經歷過非常不幸的事，因而留下許多有時很難面對的弱點和恐懼。和擁有這類背景故事的人為伴侶的我們必須記住，我們所愛的這些人是倖存者。他們必須在生命中某些時刻鼓足了勇氣才能繼續前進。也許不時會暴躁易怒、焦慮或恐懼，但他們從那些遭遇中挺了過來，而這可能給他們留下了傷痕。

今天和每一天，當你看著伴侶，你可以專注於他們的缺點，或者你可以專注於他們身上讓你覺得無比重要、美好、有吸引力的特質。選擇在你。為長久愛情的火焰搧風，是需要積極去做的一件事。如果你曾經生過火，就會明白這意思，伴侶關係就像火苗需要照料。不能放著不管，然後期待有好結果。你得關照它，給它添火種，為它注入一點空氣。

這就是欽慕，也是一種行動。我們必須提醒自己去做並不會降低它的價值，或讓它變得較不真誠。愛情大師們都是這麼做的。要長久相愛，就要願意（choose to）先看到伴侶最好的部分，而不是尋找最糟的部分。

如果這是你們的關係一直欠缺的，有個對策是回到本章一開始的問題：你為何愛上你的伴侶？反思這個問題可能是調整和找回某些視角的妙方。探究你們共同的過去，喚起有趣的、冒險的、連結的、性感的記憶——這可以激發你們與生俱來的能力，將關係中一切的美好視覺化，而不要讓這些美好被無視，或埋藏在繁瑣的日常生活中。

但重點是：如果沒有經常這麼做，當你回頭去追尋往事，往事可能已不復存在。當情況開始惡化——當欽慕逐漸消退，人們忘了當初為何彼此喜歡、相愛；當負面視角出現——就連我們的記憶也會損壞，如同電腦檔案裡的病毒。鄙視是關係的破壞者，它會感染你們關係的基本「編碼」。我們發現在一些（很遺憾地）實在無法挽回的關係中，即使那些伴侶回到過去，他們也已經不記得當初彼此熱愛和欽慕的事了。

這就是為什麼我們的處方是從日常小事做起，因為每天提醒自己一個熱愛、欽佩伴侶的具體原因，這種日常小習慣會讓你在一生的愛情路途上走得更遠。欽慕的一部分是珍惜和對方共有的一切，在心中放大它們的正向特質，最小化它們的負面特質。這是你隨時都可以做的事，即使只有幾分鐘。反思你珍惜伴侶的哪些地方，以及為什麼地表沒人能真正取代他，其作用無比強大。透過和伴侶分享你對他們的珍惜，可以讓這種強大行為的效力加倍。

欣賞伴侶的能力就像一段關係的防彈盔甲。鄙視具有腐蝕性，一旦進入婚姻或伴侶關係中，便會像鐵鏽腐蝕金屬，迅速侵蝕關係中的所有美好，無論這段關係原本有多堅固、牢不可破。欽慕是一種可以確保鄙視永遠無法立足的強大保護劑。

正向視角：最強而有力的解方

這是可以量化的：你每天所需和伴侶之間的正向情緒大約是負面情緒的二十倍。創造關係積極性的一個絕佳方法是欽慕你的伴侶，然後大聲說出來。在忙碌的日子裡，可能輕易便讓生活中的真實事物溜走，所以，花點時間端詳這個和你共度一生的人，並記住，噢，對了，我真的很喜歡她每天興匆匆地回家，告訴我她的工作。別讓這些想法和感受掠過，而不和你的伴侶分享。抓住它們，當作小禮物送給你的伴侶，這也是給自己的禮物。

感情、尊重和友誼是婚姻或任何長久關係中一切的基礎，從性生活的熱情程度，到如何有效處理關於財務的棘手討論。但它不會「自然發生」，它來自意圖、行動與抉擇。你每天都選擇執行這些小小行動來充實感情帳戶。你抽出時間去問候，保持好奇心：關於她，我還有什麼不知道的？他今天過得如何？你一直在留意爭取連結，機會一來，你就去面對，因為現在你知道，即使最短暫的接觸——一個微笑、一句鼓勵的話、一個後續的問題……凡是可以傳達我在傾聽、我在乎你說什麼的——全都是帳戶裡的存款。你重新訓練躁動的人類大腦來掃描正向而非負面的東西，重組神經元來注意對的而非錯的事物，這將對你的大腦、身體、人際關係和生活經歷產生涓滴效應（trickle-down effect）。第一要務是將伴侶讓你熱愛、欽慕的優點牢記在心，不光是他們為你做的事，還有他們根本的為人。

今日實務

給伴侶真誠的讚美

無論你和伴侶之間是否有蓬勃發展的欽慕文化，還是你們的關係是否需要重大修復，今天的行動都至關重要。如果這部分剛好是你的強項，好極了，讓我們再接再厲。

對許多伴侶來說，喜愛和欽慕似乎是遙遠的記憶（如果你也是，那麼很多人和你一樣）。這並不表示它們不在那兒，等著被喚醒。找回欽慕並不複雜，當你愛上這個人並承諾全心投入，當你看本書是希望愛能持續下去，你是帶著許多正向情感的。思考並談論它們，將使它們比你想像中更快、更生動地復活。枯萎的植物往往只需要潑一點水，就能再度迎向陽光。小小行動，影響卻很大。

今天的練習分為三部分：

步驟1：如果要你用言語來描繪伴侶，你會選用哪些字眼？圈出三到五個選項：

溫暖／風趣／慷慨／冷靜／富創意／熱情／激烈／活潑／體貼／主動／好冒險／愛玩／俏皮／精明有洞察力／有教養／性感／有智慧／有才華／深情／有能力／迷人／聰明／有愛心／考慮周到／有吸引力／可靠／靈活／願意支持／好奇／有趣／善良／勇敢／開放／隨和／敏感。

步驟2：今天每當你們在一起時，注意伴侶如何體現上述圈選的特質。

和昨天一樣，每當你和伴侶在一起，密切觀察他們。注意他們何時表現出你喜愛和欣賞的特質，接著……

步驟3：表達出來！

你有多常和伴侶交流他身上讓你喜愛、欣賞的核心要點？要常做，因為每次都很重要！

障礙排除

今天沒時間互相觀察？

看看上述圈選的字眼，盡量回想伴侶體現其中一種特質的時候。可能是昨天，也可能是十年前。也許是件大事（你陪我一起橫跨東西岸去追求我夢想的工作，給了我支持），也或許是件小事（你昨天穿牛仔褲的樣子真的很性感！），看你能否為這三種特質分別想出一些具體的東西，然後將想到的回憶和彼此分享。你也許會對伴侶注意到並欣賞你的事感到驚訝，反之亦然。

覺得害羞或遲疑？

寫下來！進行上述做法（拿出你圈選的三個詞彙，然後想出能彰顯這些特質的三件事）並把它寫成日誌活動。像寫信一樣，寫給你的伴侶。當你……時，你向我展現了你的忠誠……當你……時，我頭一次了解到你有多愛冒險……

完成後，向伴侶大聲朗讀你的清單！當我們在工作室和許多伴侶一起進行這項活動，當場發生的變化十分驚人，真是魅力難擋。人們忍不住莞爾、大笑，原本遲疑或不自在的人變得放鬆、活躍。伴侶之間的肢體語言起了顯著變化。即使那些進來時不開心或擔心的伴侶，都重新迸出了：火花。

第5天

提出你的需求

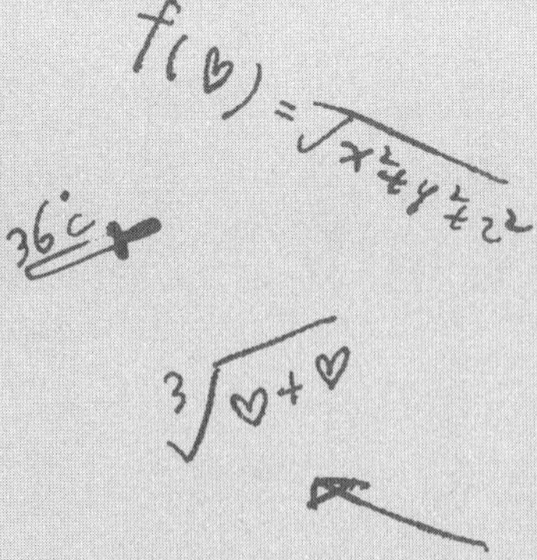

傑克很不高興，上次他和伴侶米莉安坐下來共進晚餐已是幾週前的事了。今天也是，都這麼晚了，她還在工作。和前幾晚一樣，她傳了簡訊說她不會回家吃晚餐。簡訊中說，親愛的，別等我了，你先開動吧，今天我會在工作室待到很晚！

他能理解，起碼以前可以。米莉安是從事混合媒體雕塑的藝術家，之前獲得了重大突破：在她任教的大學舉辦一場畫廊展覽。她一直在努力為展出做準備，但距離展覽還有好幾個月。與此同時，傑克也有很多事要做。在一家公司從事土地使用法工作多年，被榨乾所有空閒時間之後，他在自家客廳成立了自己的公司。他喜歡這種獨當一面的感覺，要做的事還很多，而且如今他一切都得自己來，但他的時間全由自己掌控。只要他想，他可以在晴朗的日子去騎單車，然後加班到深夜。太好了。但最近他感覺很孤獨，無論什麼時候休息，米莉安總是不在家。多年來，當他不得不賣力工作、克盡職守，她一直支持著他，如今她處於職業生涯的關鍵時刻，他也同樣想支持她。但光是過去這一週，她就多次回絕他在一起聚聚的請求，他開始覺得自已是她待辦事項清單上的最後一項。兩人都是有幹勁、雄心勃勃的人，也總是很自豪能在事業上互相支持，在對方必須大力衝刺時，彼此包容和理解。在這之前，他們的關係似乎被擺在第一位，但現在不再有那種感覺了。也許對她來說，他並沒有想像中重要。也許他們的婚姻不是她真正需要的，畢竟現在她的事業正要起飛。

當米莉安終於回到家，已經很晚了，傑克像鐵絲一樣緊繃。

「知道嗎，今晚妳真該空出一小時來的，就這麼一次，」他說：「我真的很期待今天的晚餐，還出去買了妳最愛吃的——蒸蛤蜊。」

「真的？」米莉安很驚訝。「我不知道，最近我們都吃外賣，因為我們都很忙。」

「昨天我問妳要不要回家吃飯，妳說好啊！」

「我當然說好啊！我想如果今天下午下課後能完成多一點工作，就辦得到了。但我現在沒辦法，傑克。開幕要做的事太多了，我根本還沒準備好。我以為你能理解，我以為我們有共識。」

「好，我知道，我懂了。我以為，如果我一個月只邀妳和我一起晚餐一次，妳就會做到。意思是，如果這段關係對妳來說還算重要的話。」

「當然，我們的關係對我來說仍然很重要！你哪來這種想法？」

暫停。問題出在哪裡？讓我們仔細檢視一下這場爭執。米莉安認為，他們對於目前兩人都正處於「只工作不玩樂」的階段「意見一致」；傑克則認為他邀米莉安共進晚餐，但她爽約了。如果倒轉回前一天，我們會看到這樣的情況：米莉安正把接下來漫長一天所需的東西裝進袋子，傑克則聊著新的「傑克與米莉安客廳」律師事務所（他仍在發想新公司的名稱）。進展相當順利，但他懷念以前他們在各自辦公室度過漫長的一天後，到城裡各種餐廳會面，然後共進晚餐。那真是結束一天的絕妙方式——當他走進擁擠的酒吧，看到她面前放著兩杯酒，坐在那兒等他，他真的感覺一整天的忙碌都留在了辦公室。

「要是還能那樣該多好。」他說。

「當然。」米莉安回答。

「也許明天晚上我們可以做點什麼，」傑克說：「我們可以留在家裡，我來做菜！」

「當然，也許吧！」米莉安回答。「晚點給我傳簡訊，我得走了。」

她親他一下，然後出門。

在這次互動中，傑克和米莉安完全是雞同鴨講，幾乎像是用兩種不同語言交談，兩人都以為自己理解對方的語言，但真正的意義卻不見了。傑克認為他已經表達了他的想法，他懷念他們生活改變前的晚餐聚會，那段專為兩人保留的時間，對他來說異常珍貴。他需要它，沒了它，他感覺和她失去連結。他知道她的工作很重要（他的工作也是！），而且目前他們都前所未有地忙碌，但他需要她特別為他騰出一小時，讓他不至於感覺彼此有如兩艘在激流中漸行漸遠的船隻。誰知道呢，說不定抽空見面對兩人都有好處，雖說這會占用工作時間。談論熱愛的計畫一直是他們既可以密切連結，又能對彼此工作表達支持的方式。

問題是，傑克並沒有真正問過她。

我們的伴侶不會讀心術，這點大家都清楚。然而，在許多伴侶身上，我們常表現得他們好像會讀心術一樣。我們希望伴侶能捕捉我們需要和渴望什麼的各種小提示和信號，或者說「會懂」。傑克給了大約一百萬個暗示，讓米莉安了解他有多迫切地想和她聚聚。但他的實際請求卻是隨口說說：也許明天晚上我們可以做點什麼。然後他聽到她說：「當然。」卻沒聽到她說：「也許吧。」

米莉安不明白人家要求她什麼，她沒能滿足傑克的願望。當她沒有現身，他覺得受傷、被忽視和憤慨。他能想到的唯一解釋是，對她來說，他還不如她的工作來得重要。而他因為她沒有現身而生氣，這讓她覺得驚訝又懊惱。畢竟，她什麼都沒有承諾。她只是說：「也許吧。」也許，如果他更明確地表達自己的需求，她就能更清楚地回應。

當你坐在那兒為了伴侶沒做的事生悶氣，可能便種下一顆像野草一樣蔓延的怨恨種子。而怨恨一旦擴散開來，就很難剷除，比一開始就阻止它扎根要難根除得多。但無論哪種情況，解方是一樣的：你必須告訴伴侶你需要、想要什麼。但提出自己的需求往往不是容易的事。

為何做起來這麼難？

我們一向被教導需求是不好的，需求是軟弱的表現。我們早在社交上習慣於不承認自己的需求，即使承認，也不會說出來。女人被教導，不要需索無度；男人被教導，你應該強悍、堅韌，且不能有需求。這兩種文化訊息都根植於我們被教導的所謂有吸引力、令人滿意的要素；什麼是女性化，什麼是男性化，以及我們該隨著自己的性別體現什麼。

我們或許會強烈反對這些刻板印象，但即使今天，它們仍持續對我們施展影響力。那是我們泅泳其中的培養液，無論我們多努力在裡頭排毒，都會吸收到一些訊息。女性被訓練成為養育者，要滿足他人的需要，但她們的需求該怎麼處理？男人被訓練成養家者，要堅強、不求助於人，但他們的需求該怎麼處理？

無論性別，許多人在生命早期都曾有過需求遭忽視的經驗，這使我們深深相信自己的需求不重要或不正當。因此，我們都在生活中帶著隱密的需求和慾望，會壓抑而不是表達它們。問題是，無論如何被壓制，它們總會找到方法抬起那毛茸茸的小腦袋。它們會塑造我們的情緒，限制我們的思考，以我們可能沒意識到的方式影響我們的行為。當未獲滿足的需求變得再也無法隱藏，這些被壓抑的需求可能會爆發成怨恨和爭執，正如我們在傑克和米莉安身上看到的。

我們小心翼翼繞過自己的需求，不直接表達出來，因為這樣感覺比較安全。表現得太軟弱可能會很煩人，即使面對伴侶也一樣，它可能會令人生畏。如果你向某人提出要求，對方可能會拒絕。人難免在一生當中的某個時間點遭到回絕，那種感覺很不好。說出自己的需要或想要的東西，然後被拒絕，可能會感到很受傷和羞恥。我們會竭盡所能避免這種感覺，甚至避免直接向伴侶要求一些最簡單的東西：我很希望今晚妳能抽空和我一起吃晚餐。我真的好想和妳一起消磨片刻，哪怕只有一小時，妳願意成全我嗎？我們更喜歡暗示、耍花招，期待好運當頭，伴侶能感應我們的心願，我們不必表露自己就能得到想要的東西。

當我們在生命早期的需求遭到忽視，將學會以下兩件事之一：

1. 我們不配讓自己的需求得到滿足，或

2. 需求是軟弱糟糕的。

我們必須推翻這點，改寫劇本。我們都有資格提出要求並得到需要的東西。需求並非軟弱的表現，是正常、健康、合乎人性的，就像呼吸一樣自然，就像氧氣一樣。身體和情感需求對於你的生活和幸福來說，就和你吃的食物、喝的水和呼吸的空氣一樣重要。你的願望也是如此！我們對於被歸類為需求的東西往往太過嚴格。你可能會問自己：「這是想要還是需要？」我們的回答是：「無所謂！」我們有個誤解，認為想要不如需要來得正當。我們已經將它內化，認為欲求代表貪婪或自私。這並非事實。想要和需要存在於一個微妙的範圍內，就像光譜中的色彩，幾乎有無限的可能性，從黃色到紅色，從藍色到紫色，從我們最迫切的需求到最深切的渴望。這些都是正當的，而且都該被表達出來（尤其是向你的伴侶）。

說出你想要、你需要的完全沒問題。

事實上，不只沒問題。這是必要的。

我們哪裡錯了

這是在痛苦關係中，一次又一次發生的情況：我們都有需求、有正當的願望，但我們不說出口。我們會給暗示、會提議，我們安穩地待在暗處，期待我們的伴侶「會懂」。我們編了個故事，告訴自己他們應該不必我們說就能想到（「那麼明顯！根本是常識！」），並且深信不疑。然後，當伴侶無法神奇地滿足這些需求，我們就會忿忿不平。我們開始相信伴侶不在乎，他們只考慮自己，沒空陪我們，或不再像以前那樣重視這段關係。於是我們指責他們。

你老是……

你從不……

這些危險信號用語提醒我們，一對伴侶正處於不穩定的境地：負面視角可能開始出現。他們開始找碴，逐漸失去注意到對的事物的能力。最終結果就是批評，也就是針對某人的基本為人，而沒有區分這個人和他的行為。例如：「我希望你不要把襪子留在客廳地板上」變成「你真是個邋遢鬼，老是把東西丟得滿屋子，從不幫我清理」。儘管後兩句不包含直接批評，但像「老是」和「從不」這類措辭都是批評，因為它們隱含了人格缺陷。畢竟，如果「你老是」做錯的事或「從不」做對的事，那麼你一定是有哪裡不好，對吧？

即使我們確實努力表達了自己的需求，我們也常會覺得必須指出某種缺失——對方沒為我們做的事，或欠缺的東西——來合理化這些需求。我們被教導不該有需求，因此很難克服想要合理化自己的衝動。「因為你在節食，我吃不到我愛吃的東西，所以今晚我要出去用餐！」其實這位伴侶只需要說：「今天我很想出去吃晚餐。我累了，我來請客。」結果卻變成對對方的批評（「因為你在節食」）。

當我們蓄積怨恨和批評而非只索取自己需要的東西，水庫遲早會決堤。就像一個糟糕情緒的貯藏庫，越來越滿，直到只要一點小碰撞就整個崩潰了。最細微的事都能引爆它，小小的意見不合突然演變成第三次世界大戰。我們稱之為「堆沙包」：你把所有怨恨堆積起來，然後用它們來伏擊你的伴侶。「吉姆，我們需要談談。你是個糟糕的父親，你在床上的表現也很糟，而你最糟的一點是，你不做資源回收！」

當我們沒有明確提出自己的需求，批評就成了最後一道防線。但這沒有效果，恰恰相反。人們會使用「建設性批評」一詞，這是一種迷思。不存在建設性批評，批評必然是破壞性的。

這些問題都可以透過一個簡單方法獲得解決：提出你的需求。

讓伴侶取悅你

記住：你不需要為自己的需求尋找正當理由。千萬別用批評的方式來表達需求。我們往往落入一種戰術：先指出伴侶行為有問題，來證明自己的需求合理。其中的邏輯是，如果我們被虧待了，表達自己的需要或要求才是合理的。你可以採取的第一個健康行動就是，讓自己從這種心態解脫出來。你不需要找問題來證明自己的需求或願望是正當的。

如果你的伴侶感覺受到攻擊或批評，你們就不太可能走得長久。事實上，批評對你們雙方都不好。還沒開始談呢，就早早破壞自己被聆聽、需求得到滿足的機會。這並不表示你必須對伴侶甜言蜜語或操弄他，但這確實意味著你必須真誠、明確、積極主動，而不是做出情緒反應。

如何有效做到這點？只需遵循這個簡單範本：

第一：要描述自己，而非你的伴侶。別告訴伴侶他們做錯了什麼，來索求你需要的東西。甚至根本別提到伴侶！這是關於你的，和他無關。

第二：描述令你不安的狀況，而非伴侶的性格缺陷。談論讓你困擾或你想要改變的事件或情況。這會讓你的伴侶能夠幫助你改善狀況，而不會激起防備心或讓他覺得被攻擊。

第三：陳述你的正向需求。你的伴侶能做些什麼會讓你感覺好一些？要明確，要清晰，並保持正向態度！不要指出伴侶做錯了什麼，或哪裡做得不對，這樣很容易轉變成批評。相反地，把你的請求當作一個機會，讓伴侶為你做一件你會由衷感激的事情。告訴伴侶該如何激勵你。

以下是一些錯誤和正確表達方式的例子：

不要說：「你已經不再為我空出時間了。顯然你根本就不關心我們的關係。」

要說：「過了這麼久，我們都沒有好好在一起相處（情況），我覺得很寂寞（你的感受），我們能不能找個時間聚聚？（你的正向需求）」

不要說：「你老是把廚房搞得一團糟，真是個邋遢鬼！你不覺得我也會想在深夜的時候放鬆嗎？」

要說：「最近家裡要做的事情好多（情況），讓我有點忙不過來（你的感受），這週你能幫忙洗碗或洗衣服嗎？（你的正向需求）」

改寫腳本！

我們來看看幾個場景，看如何能把腳本改寫一下。

場景1：今晚妳婆婆要過來晚餐，她老愛對妳指指點點（晚餐拖太晚了。妳的孩子電視看太多了。以目前的經濟情況，妳非買新車不可嗎？），妳希望這次另一半能護著妳——上次他感覺根本不顧妳的死活。

妳說：

a.「你母親真是討人厭的小膿包！你老是站在她那邊，想必你和她一樣對我有不少意見吧。」

改寫它！

a.「知道嗎，我對你母親今晚來訪有些焦慮，她似乎總愛找事情來批評我。要是今晚她又這樣，你會挺我嗎？這對我很重要。」

場景2：十年來每天晚上都是妳負責下廚。妳厭煩透了！妳希望伴侶今晚做點不一樣的事。你們出門用餐的預算不多，因此通常只在特殊情況下進行。但妳確實感覺自己被看成理所當然，而妳只是想喘口氣。

妳說：

a.「你那麼小氣，肯定不會帶我出去吃飯。」

改寫它！

a.「我厭倦了下廚，而且我們已經好久沒上館子了。今晚出去吃吧！」

簡單又直白，而且最妙的是，很有效。

當我們觀察一對伴侶開始交談，我們可以準確預測談話將如何發展。是否會有成效？雙方是否都覺得被傾聽？伴侶是否即使意見不同也會彼此善待？他們會不會達成令人滿意的解決方案？還是會出現尖刻、破壞性的批評、防衛和攻擊？有九成六的情況，透過觀察最初的三分鐘，我們不僅能預測談話結果，還能預測六年後的關係。

展開對話的方式很重要。無論你的需求多麼合理，如果開頭的啟動方式十分苛刻（採取批評，或用「你老是」、「你從不」的語句），等於是把自己（和你的伴侶！）置於最不利的處境：不僅雙方都無法得到自己想要或需要的東西，還可能損害你們的關係，尤其如果嚴苛的啟動變成一種習慣。另一種我們稱為「軟啟動」（softened start-up）的方式，則是非常有用的工具。你展開談話的方式已經為你結束談話的方式定下了基調。一開始不帶批評，帶著同情心，想想伴侶需要聽到什麼，他們才能真正傾聽你的需求，並以積極的方式回應。在一項為期六年的縱向研究中，我們發現伴侶開啟解決問題的對話方式，很大程度預測了他們六年後能否保持幸福的伴侶關係。

那麼米莉安和傑克的關係變得如何？嗯，他們好得很。當他們討論這件事，米莉安發現，傑克一直在猶豫是否要明確要求她請假，因為他在這方面有很長的傷痛史。在成長過程中，即使傑克的父親答應了，即使傑克懇求他來，他的父親經常選擇工作，而不是和傑克共度或出席他的活動。每次父親缺席，他都會感到沮喪，所以他不再一頭熱地要求。如果不要求，就不會失望，他就不至於覺得自己被親愛的人看得無足輕重了。

當然，無論如何他確實覺得失望，但他根本沒給米莉安為他效勞的機會。到頭來，對她來說，重新安排事情，每週空出幾個晚上，放下雕刻工具回家晚餐，並不是難事，即使在畫廊開幕前的忙碌準備期間也一樣。她只需要知道那對他來說究竟有多重要。

「你有空嗎？」

時機很重要。當你打算和伴侶談論一些對你來說很重要的事，如果他們並未準備好和你一起參與，你可能會有被拒絕、被冷落的感覺。雙方不見得剛好能配合：數據顯示，在典型的一天中，忙碌的伴侶在一起的時間有限。而在這些時段中，兩人同時「面對」彼此的可能性又很低。即使人大多數時間（60％）都能面對連結的邀請，但雙方都面對邀請的可能性只有36％。即使是我們在愛的實驗室研究的幸福婚姻伴侶，那些要求連結而未獲注意、回應的人，也只有22％的情況會重新提出要求。因此，如果只是在兩人開車時，指出路過的漂亮花園而未獲回應，也許沒什麼大不了。只要你們有面對彼此的豐富歷史，你的感情帳戶就會有良好深厚的積蓄，錯過的連結要求只會船過水無痕。但如果你渴望和伴侶就重要的事進行深入交流，可能就要更積極一些了。

一對伴侶想出一種輕鬆巧妙的方法，來處理發生誤會和傷感情這兩種無所不在的可能性。瑞秋和傑森已經在一起二十七年，有兩個十幾歲的女兒。他們清楚記得早年做兩份全職工作，同時養育一對需要照顧的孩子的往事。傑森一向早起，而瑞秋是夜貓子。當他們最終交會、聚在一起時，時間卻總是被一些交通接送瑣事給吞噬。

「我們幾乎沒時間談論任何事情，除了『誰去超市？誰去接孩子放學？』」瑞秋說：「一旦開始處理日程安排和食物，誰還有心思去考慮別的事呢？」

問題是，當一方確實有話要說，另一方卻往往處於工作模式或親職模式，或者累壞了，就會產生激烈爭吵和誤會，傷感情的事層出不窮。

有一天，瑞秋送女兒去蒙特梭利學校，無意中聽到老師溫柔地指導孩子們：如果想和某位朋友談話，而他正在玩耍或從事其他活動，應該先問：「你有空嗎？」然後這位朋友可以自由選擇說「有」、「沒有」，或「等我把這張圖畫完」。驚人的是，孩子們做到了！瑞秋大笑——多麼簡單、基本而文雅，連小孩都會。

她和傑森試了試。這是新規則：如果她想和他談論什麼重要的事（反之亦然），她會說：「你有空嗎？」這會立即給原本緊張的互動帶來些許輕鬆。說「等我十分鐘」或「等我寫完這封電郵」不會讓他們有任何愧疚感。

「這讓我們能專注在當下。」瑞秋說。傑森補充：「這會減輕壓力，而且等你準備好交談，就能全心投入。一切都好轉了。」

今天就試試：你有空嗎？

今日實務

提出要求時……務必要描述自己！

我們都需要學習表達自己想要、需要什麼。一開始可能會感覺不自在或不順，但這就像騎單車，一旦開始，就能很快掌握竅門。

今天，你的練習分為三個步驟。

步驟1：反思

你需要什麼或想要什麼？現在就花點時間想想，你一直想從伴侶那裡得到什麼？你渴望更常和他們在一起？你需要有人幫忙做家事？你需要在追求事業時感受到更多支持？你需要更頻繁地聽到「我愛你」？

步驟2：換個說法

如果你習慣從負面視角思考，翻轉一下。別指出哪裡出了問題，提供一個機會。你希望伴侶滿足你的正向需求是什麼？

步驟3：描述你自己

務必要用描述自己的感受和需要的方式來提出你的要求。

「我想你。今晚我們一起過好嗎？不接電話，不看電視？」

「這週我真的超忙。你能幫我分擔一點嗎？」

「我今天好累。今晚你可不可以哄孩子們上床睡覺，讓我休息幾分鐘？然後我們坐下來喝個小酒。」

「我喜歡被你抱著，抱抱我吧？」

了解自己需要什麼，說出自己需要什麼，你多半就會得到你需要的！你的伴侶會希望滿足你，所以成全他們吧。讓事情變得容易些！這時不免想起一種常見的說法，有些人在別人猜不透他們想要什麼時，常會略帶挖苦地說出一句話：「需要我給你畫張地圖嗎？」

我們會說：需要！給伴侶畫張地圖吧。你們雙方都會因此而更開心。

障礙排除

當無論你如何要求，伴侶都覺得被責難……

有時，無論你的做法多麼高明，伴侶都會把你的願望或需求陳述理解為批評，即使你盡力將它表達為正向需求。當過去存在一定的批評模式，且兩人隨著時間累積了不少怨恨，就會發生這種情況。當彼此的需求經常被忽視，也會發生這種情況。這時，雙方存有情感上的距離，以及一種掃描哪裡出錯、有缺失或不完美的預設習慣。當你的負面視角如此之深，很可能你的伴侶熱切地看著你說「我愛你」，而你卻只聽到批評。

但你可以改變。

當你不再用批判性措辭來表達需求和願望，而用軟啟動和正向要求取而代之，你們的關係就能很快融冰。你的伴侶一開始可能會很戒慎，每次都還是覺得受到批評，你可能會聽到他充滿防衛的反應。倘若如此，下次當你提出請求，要明確地表達：「我真的不是要批評你，我只想說，我真的很希望……（說出你的正向需求）。」

慢慢來

有些伴侶必須慢慢進入狀況。如果今日實務感覺太難，不妨試試這方法：與其要求改正（他沒做你希望他做的事、你希望他做得更好或以不同方式去做的事），不如要求他做一些可以讓你開心的事。請他坐下來和你一起看部片子。請他在回家途中順便到麵包店買你最愛的點心。請他調一杯他非常拿手的飲料。請他抱抱妳！提出一個伴侶可以輕鬆達成的愉快請求，這樣你就可以真誠地說：「謝謝！感覺太棒了！」

第6天

展開肢體碰觸

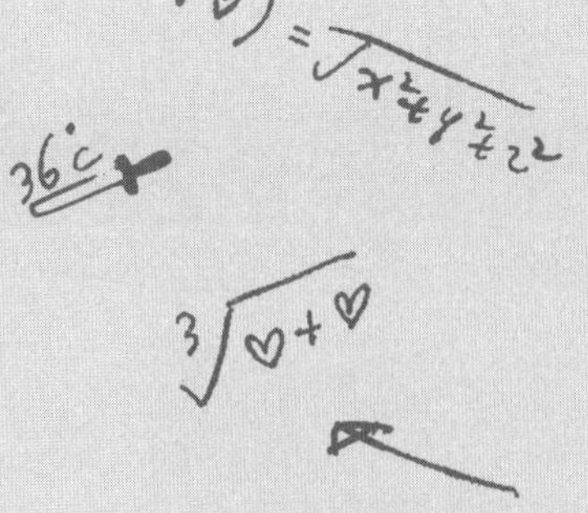

葛蕾絲和安德魯擔心他們的性生活，它處於空前的低點。他們無法確切找出原因，兩人沒有爭吵，而且相處得很好。沒錯，他們很忙，但誰不忙呢？安德魯在附近的軍事基地從事技術工作。身為電腦高手，他喜歡人們問他從事什麼工作，然後他就可以給出常讓他們豎起耳朵的答案：「這是機密。」葛蕾絲留在家裡撫養三個年幼的孩子……加上一群雞、鴨，和（她希望）即將有的山羊。他們的家有如一團色彩繽紛的混亂，身為藝術家和音樂家的葛蕾絲（她曾在小學教書），帶著孩子們學習繪畫、吉他和烹飪課程。安德魯回到家，領帶往後一甩便開始張羅晚餐；她則清理雞舍，或把永遠洗不完的衣服移入烘乾機，孩子們在一旁玩耍、打鬥追逐、大喊大叫。雖然很忙、很吵、很累——但他們很快樂！不是嗎？兩人都開始疑惑。曾經像磁鐵一樣將他們吸引到彼此身邊的性能量似乎已經煙消雲散。他們變得更像是經營企業的友好合夥人，而不是戀人。

他們在每個孩子出生時都經歷過性能量缺乏，但之後總是會恢復。如今，他們最小的孩子就快三歲了，晚上大家都睡得很安穩，再也沒有嬰兒會突然醒來，不再有幼兒在他們之間爬來爬去。然而，他們以前享有的開心、甜蜜、自發性的性連結仍然難以捉摸。性愛季節似乎早該回來了，但就像某種奇怪的天氣模式，它並沒有。

他們嘗試了一些策略，例如出門約會，或安排一晚在臥房裡約會，但感覺很勉強，而且很多時候，當他們同床共枕，最後卻只是進入夢鄉。

安德魯：「我會想一整天，今晚我們絕對要做愛！但很常沒等我刷完牙，她就睡著了；或她去查看孩子時，我睡著了。不然就是我們開始討論帳單或明天要做的事，破壞了氣氛。」

「可是根本沒有氣氛可破壞啊！」葛蕾絲說：「我們一起上了床，突然覺得要開始親熱很奇怪。我的意思是，我們一整天甚至沒機會牽個手、沒機會交談。於是我提出一些話題來談論，不知怎的我們始終沒能進入有趣和性的部分。」

她補充：「反正已經不再有趣了。以前很有趣，我希望能像以前一樣，我不想這麼費事。」

另一對伴侶艾莉莎、阿巴杜的生活型態和安德魯、葛蕾絲截然不同，但也面臨了同樣的問題。他們的時髦公寓坐落在西雅圖市區中心，他們是該地區兩家科技公司的律師，他們的愛好是騎單車和旅行。正值四十出頭的他們沒有孩子，也不打算生小孩。

當這座城市在新冠病毒疫情期間進入封城狀態，艾莉莎和阿巴杜尋找光明面：他們有更多時間陪伴彼此。

但隨著疫情年的展開，情況開始改變。成天待在家裡，參加會議和Zoom視訊電話，一天結束時，他們感到沉悶又孤立。他們常去的咖啡館和餐廳都歇業了，且都厭倦了做飯（老是做同樣的東西）。他們花很多時間看電視，透過各種串流媒體追完所有知名電視劇系列。他們被困在同一間小公寓，但在一起的時間卻變少了。怎麼可能？兩人都不太想親熱，他們感覺像室友。艾莉莎是怎麼想的？阿巴杜想抱抱嗎，還是想要自己的空間？

這「正常」嗎？

人們自然會擔心，而且也想知道：別人是否也有同樣經歷？還是我們比較特別？諾斯拉普（Chrisanna Northrup）是《正常標準：幸福夫妻的驚人秘密以及他們揭露的建立新常態關係的秘訣》（*The Normal Bar: The Surprising Secrets of Happy Couples and What They Reveal about Creating a New Normal in Your Relationship*）一書的共同作者。當她展開本書的撰寫計畫時，也遇上了同樣的情況。她是忙碌的母親和創業家，在開創一家全方位健康（wellness）企業的同時，她和丈夫的十五年婚姻關係正進入「乏味期」。當她努力想弄清楚如何解決問題，她發現自己很好奇，其他夫妻是否也會面對同樣問題。她和丈夫究竟處在「正常」關係光譜的哪個位置？假設他們是正常的，那他們又該怎麼做才能解決問題？在溝通、性、衝突等方面，究竟什麼算是正常？

她獲得兩位美國傑出社會學者史華茲（Pepper Schwartz）博士和威特

（James Witte）博士的協助，探究了現代愛情中所謂「正常」的真相。這兩位科學家收集了來自世界各地的海量數據，以確定什麼是關係中的「普世性」——跨越國籍、性別、種族、社會經濟等等。來自二十三國的志願者回答了一項包含一千三百多個問題的問卷調查，旨在請他們回答一些關於長久關係的辛辣問題，其中一個特別熱門的話題：誰擁有美好的性生活，以及他們如何長年維持激情？

你或許會猜想，性生活最熱烈的伴侶肯定是那些在另一半提議時點頭同意的；或者採納各種奇特的新點子來增添情趣的；或者是在臥房尺度很寬的。不對，事實上，夫妻倆滾床單時，臥房內發生的一切和伴侶對性生活的滿意度幾乎沒有關係。諾斯拉普、史華茲和威特找出了那些處在幸福、活躍關係中——雙方都獲得性滿足——的人常有的一些特定習慣。

1. 他們每天都說「我愛你」，而且是真心的。

2. 他們會沒來由地熱情親吻起來。

3. 他們互相讚美（並互送驚喜浪漫的禮物！）。
4. 他們了解什麼會讓他們的伴侶亢奮或掃興。
5. 即使在公開場合，他們的肢體互動也很親密。
6. 他們仍然一起嬉戲玩樂。
7. 他們經常擁抱。
8. 他們把「性」列在待辦事項清單的重要位置，而不是最後一項。
9. 他們仍然是好友。
10. 他們可以自在地談論性生活。
11. 他們每週都有一次浪漫約會。
12. 他們會享受浪漫假期。
13. 他們很用心面對彼此。

別被這份清單嚇著了！如果你覺得自己在上述的某些方面還有需要改進之處，記住：你已經在努力了。我們要求你融入本週日常作息的所有練習都包含在其中：給予讚美、保持好奇並提出真正能帶來改變的問題、將留給彼此的時間放在待辦事項清單的首項，而非末項。而且要注意：以上清單中的絕大多數習慣，即使是那些涉及肢體親密的習慣，都是早在你和伴侶上床之前就會發生的。這正是今天我們討論的重點：觸覺。

觸覺是強大的藥劑。肢體親密（physical intimacy）對身體具有生理作用，會釋放催產素，一種有助於建立情誼與連結的荷爾蒙，是它使得母親和嬰兒在分娩後緊密結合在一起。當催產素進入血液，我們會經歷各種有益的影響。它可以降低血壓、消除壓力，甚至降低心臟病的風險。撫觸不僅有利於你的伴侶關係，對身體健康和長壽也有好處。對人類來說，它就像水、食物，甚至像呼吸的空氣一樣必需。

撫觸有如氧氣……

沒有它我們就無法生存，身體接觸對於我們這個物種的生存至關重要。

之前說過，人類是群居動物，會在沒有彼此、沒有連結、沒有身體接觸的情況下死去。很久以前我們就發現，如果你帶走一個人類嬰兒並將他隔離，即使給了他所需的一切食物和水，他死亡的可能性仍然偏高。

最近，在COVID-19疫情期間，許多心理學領域的同業想起了這點。人們按照疾病管制中心（CDC）的指示進行自我孤立和隔離。但很多人並不和家人同住，也沒有伴侶，他們獨自一人。隨著時間從幾週延長到幾個月，再到一整年，隔離的影響開始顯現。許多單獨隔離的人開始經歷「觸覺剝奪」（touch deprivation），研究員菲爾德（Tiffany Field）博士認為這跟焦慮、抑鬱密切相關。其他研究將這種效應稱為「觸覺匱乏」（touch starvation），貼切描述了當人沒有經常進行身體接觸時的狀況。適當的身體接觸會釋放催產素，使身體進入「休息與修復」模式，而觸覺匱乏則恰恰相反。壓力高漲，焦慮感上升，會導致皮質醇過度分泌——當劑量適宜，皮質醇是一種有用的代謝激素，可是當血液中皮質醇過多，你就會進入「戰鬥或逃跑」（fight-or-flight）的反應模式。心率加速，血壓升高，呼吸變淺。久而久之，它會干擾消化，甚至抑制免疫系統。毫不誇張地說，觸覺匱乏會讓你生病。

菲爾德是發展心理學者，目前是邁阿密大學觸覺研究所（Touch Research Institute）負責人。她稱觸覺為「感官之母」（the mother of all senses）。菲爾德本人就親身體驗過人類撫觸的力量。一九七〇年代中期，當時還是研究生的她提前一個月，在妊娠三十週時生下了女兒。當時公認的醫學知識是，早產兒不應被撫觸——感染的風險太高。他們把嬰兒放在保溫箱裡，雙親和嬰兒之間沒有接觸。但菲爾德相信撫觸可以幫助她女兒成長茁壯。她說服醫院工作人員讓她幫女兒按摩，發現寶寶變得平靜許多，也吃得更多。她開始投入開發一種供醫院用於早產兒的保溫箱，讓雙親可以和嬰兒進行身體接觸和連結，同時又能讓嬰兒處在抗菌保溫、免於感染的環境。她進行了一項研究，發現當雙親撫摸早產兒時，嬰兒會長得更好，體重增加得更快，而且能提前將近一週出院。

不只嬰兒能從身體接觸和連結中大大受益，我們針對一些初次迎接新生兒的成年夫妻進行了研究，發現每天十五分鐘撫觸——以孕婦頸部或肩部按摩的形式——對產後抑鬱症（ＰＰＤ）的發生率有深刻影響。在每天進行十五分鐘按摩的夫妻中，有22％新手媽媽表現出產後抑鬱症跡象。沒有實施撫觸的小組呢？ＰＰＤ發生率飆升到66％。只是十五分鐘的按摩、肢體接觸和肢體連結，就產生如此差異。

我們靠著撫觸茁壯成長，而且不見得和性有關。性是一段關係的要素，但對許多人來說太複雜了。有些人以為體驗撫觸的唯一方式是透過性行為或導向性行為的活動——錯了。研究顯示，無論性別，經常擁抱的人擁有更圓滿長久的關係。

好吧，撫觸對我們有好處。對我們的健康有好處，對我們的伴侶關係有好處。數據顯示，夫妻間的隨意接觸——牽手、親吻、在公開場合或不拘任何時間的肢體親密——和活躍的性生活有關。我們知道它有多重要……那是什麼阻礙了我們？

撫觸禁忌和其他障礙

我們總是帶著各式各樣的東西進入一段關係，一個影響因素是我們所在的文化。對我們許多人來說，這是想都不用想就會做的事，但有些文化比其他文化更反對身體接觸。

一九六〇年代，研究員朱拉德（Sidney Jourard）展開一項如今相當著名、後來被稱為「咖啡館調查」（coffee house study）的實地考察。他環遊世界，在咖啡館內逗留，然後觀察走進來的伴侶。他計算一小時內，伴侶們以各種方式相互接觸的次數：牽手，撫摸彼此的臂膀、背部或頭髮，膝蓋靠攏等等。他發現：在法國巴黎，伴侶平均每小時觸摸對方一百一十次。在佛羅里達州蓋恩斯維爾（Gainesville），伴侶們每小時觸摸兩次。在英國倫敦，零次。朱拉德的結論是，某些文化（包括我們許多人一輩子生活其中的文化）似乎有「觸摸禁忌」（touch taboo）。

如果文化是我們泅泳的大海，那麼家庭就是小池塘。你的成長方式與伴侶的成長方式，會影響你們對撫觸的自在程度，以及和身體接觸相關的需求。如果你們當中有一人成長在很少觸摸、甚至沒有觸摸的家庭，那麼身體接觸——即使來自人生伴侶——可能會帶來不安或引發焦慮。在某些情況下，當人遭受過虐待，撫觸會激發恐懼，即使是善意、深情的撫觸也一樣。這會讓撫觸變成「雙面刃」：它可以是美妙、撫慰、撩動情慾的，但如果太快、太粗暴或出人意料，可能會讓人有脅迫感。我們必須了解伴侶的背景，以及他們過去被（或沒被）撫觸的方式。

浪漫關係並不存在真空中，我們在身體接觸方面的習慣，會受到一開始可能隱而不顯的一連串因素影響。出於各種原因，每個人對於自己覺得自在和需要的撫觸類型與程度，都有不同的「設定」。但無論你處在光譜的哪個位置，都可以用讓自己感覺良好的方式，將更多深情的撫觸融入你和伴侶的生活中。你不需要在全球疫情期間獨自一人進行自我隔離，也能體驗到一些心理學者所說的「肌膚飢渴」（skin hunger）：一種想要得到比目前更多撫觸的迫切需求。

男性和女性對撫觸的需求和對性的渴望是否有差異？人們的刻板印象肯定是男性比女性更需要性。真的嗎？嗯，有幾分真實。研究顯示，平均而言，男性在一天中思考性的次數是女性的兩倍。但還是因人而異。許多異性戀關係在這問題上恰恰相反，女性比男性有更高的性慾。隨著年齡增長，女性尤其可能會疑惑，自己的原慾（libido）會如何。如果妳感覺自己性慾減弱，擔心是很自然的。我們輔導了許多想知道「我怎麼了？」的女性，可以很自信地說：妳沒事。現實情況是，女性逐漸失去性衝動的情況並不稀奇。別忘了，在史前時代，人類的預期壽命約為四十歲。女性在晚年不需要性衝動，因為她們沒有「晚年」。但事情是這樣的：積極、親密、放鬆、非性的接觸，在許多方面對所有人都有好處，包括激發可能處於新的、較不活躍階段的性慾的熱情。我們在許多合作過的伴侶身上看到的是：當男人（或女性的伴侶）接近女人時，不只是帶著純粹的性慾，而是帶著積極、非性的撫觸（擁抱、按摩、揉腳），那種放鬆、刺激的感覺往往會導向性行為。

這不表示你應該操縱伴侶發生性行為，或期待每一次的肢體連結或表達都會帶來性行為。同時也不表示如果有人不想立即發生性行為，就等於他們對性不感興趣或永遠不想發生性行為。對許多男人（儘管不是全部）來說，性慾會導致接觸；對許多女人（同樣不是全部）來說，接觸會導致性慾。不管你處在性光譜的哪個位置，你都可能在這兩種描述中找到自己的模式。如果一開始的接觸與性無關，許多人會更容易被激起性慾。

重點是為了撫觸而撫觸。肢體親密不是非得帶來性行為才算有價值。你最該做的事情之一就是，消除它會或應該帶來性行為的期待。撫觸本身就是你倆的身體所需要的全部養分。

談論它！

我們之前討論的問題，包括文化、背景、家庭、創傷，突顯了一個事實：重要的是不只要練習撫觸，也要談論它。即使在一起多年，我們可能都還不清楚伴侶對於他們被撫觸的方式或時機的需求和偏好。例如，你或許會覺得在焦慮或生氣時被摟著或擁抱，會讓你平靜下來，但同樣的動作卻會讓你的伴侶變得激動或沮喪。這種時候，你只要說：「你現在需要什麼？你想抱抱，還是想要一點空間？」總之要溝通：確定你想在何時、何地以及如何被撫觸。

互相詢問：

你最喜歡什麼樣的撫觸？

你不喜歡什麼？

你最喜歡被撫觸或擁抱的時間是什麼時候？

你是否有不想被碰觸的時候？

你是否有比較喜歡被碰觸的地方？

對於最後一個問題，我們說的主要是與性無關的時候。人們通常會有一些最喜歡被按摩或揉搓、會讓他們放鬆或舒緩的特定身體部位，但他們的伴侶可能不知道。

當我們看到像葛蕾絲和安德魯這樣，想為他們的性生活帶來更多活力、激情和自發性的伴侶，我們要他們做的第一件事是：談論它！好好聊一聊。你必須能談論撫觸這件事，如果不習慣當面提出，或許會有點搖擺不定，就像騎單車，但試試上面幾個簡單問題，你很快就會掌握竅門。

第二件事是：別局限在臥房！你會發現，本週的練習並不需要你在性生活方面做任何具體的事。這是因為說到性，每一段關係都截然不同。沒有神奇的數字，也沒有固定的數據點，可以說明你應該有多少性生活，才能維繫一段美好、充實和長久的關係。在這領域的成功模式比比皆是，我們所知道的是，培養這些小小的習慣——包括深情的撫觸——將會增強你們之間的友誼、感情、欣賞、理解和信任。是的，你可能也會因此有更多性生活。

「信任分子」

撫觸十分強大，即使是非性的撫觸。它有舒緩作用，有助於建立情感聯繫。當伴侶握住你的手，你會感覺彼此更合拍，這並非幻覺。心理學者科恩（James Coan）進行了這項實驗：一名女性被放入功能性磁振造影（fMRI）管內進行腦部掃描，電極連接在她的一根腳拇趾上。在管子裡、她看得到的地方，投影機展示了兩個可能的圖像之一：綠色圓圈或紅色叉叉。當紅色叉叉出現時，有四分之一的時間她會受到輕微電擊（不痛苦但也並不愉快）。科恩在腦部掃描影像中看到的是，當她看到紅色叉叉，對電擊的預期會可靠地開啟腦中的恐懼系統：位在大腦顳葉內側、眼睛後面幾吋的兩個杏仁核會亮起。

於是科恩做了個小變化。他設定了一個新條件，並比較了三種場景：狀況一是，女人的丈夫坐在fMRI管旁邊，握著她的手。狀況二，一個陌生人握住她的手。狀況三，沒人握她的手，她獨自一人。

結果呢？在沒人握她的手，或由陌生人握她的手的情況下，大腦的恐懼系統和之前一樣亮起。但當她丈夫握住她的手，恐懼系統完全關閉了。她看到紅色叉叉，本該激發預期的恐懼反應，但是並沒有。

科恩對同志伴侶進行了同樣的實驗，得到相同的結果。這是在最高法院決議同性婚姻合法化之前，因此柯恩問他們：他們是否自認是已婚配偶？是否忠於彼此？當答案是肯定的，他們的恐懼反應就隨著減弱。忠誠感彷彿是對抗恐懼的防護盔甲。

只是牽手，就這麼簡單。只是小小的、細微的碰觸，我們想都不用想就能隨意去做的事——伸出手並握住伴侶的手。我們還可以做得更頻繁些，即使是這種簡單的接觸也很強大，因為就像來自摯愛的任何令人愉快的接觸，它會導致催產素被分泌到血液中。研究員札克（Paul Zak）將催產素稱為「信任分子」（the molecule of trust）。它有多厲害？非常厲害。札克進行了一項實驗，他給人們錢，讓他們玩一種涉及把錢送給其他玩家的信任遊戲：如果你給別人錢，金額會翻為三倍，但你必須相信對方會將其中一部分倒回給你。平均來看，人們會把別人給的金額送出一半，保留另一半，相當保守。但隨後，向他們的鼻子噴一點催產素之後，他們送出更多了。他們立即變得更容易相信別人。

如果你曾在一段關係中做出錯誤決定，或者被某個魅力難擋、完全不適合你的人迷得神魂顛倒，也許正是催產素在搞鬼。它有時也被稱為「判斷失準荷爾蒙」，在另一項研究中，人們在其醉人影響下做出錯誤的投資決策，相信了一個明顯是騙子的人。重點是，它很強大！因此，和你的伴侶一起把它用在好的地方。而這麼做的力量確實掌握在你們手中，方法就是彼此接觸。札克又說了，還有一種東西，具有像合成催產素鼻噴劑一樣的作用，能讓愛與情誼的荷爾蒙在你血管中流動：二十秒的擁抱。牽手、擁抱、親吻、幾分鐘肩膀按摩，這些似乎只是小動作，卻蘊含著巨大力量。我們常告訴人們：一有機會，就擁抱你的伴侶二十秒。只要能抽點空，就親吻六秒。

為什麼要擁抱二十秒？因為這正是催產素在血液中代謝所需的時間。

那為什麼親吻是六秒？呃，只是我們的直覺。況且，感覺不錯！

小小撫觸的魔力

那麼葛蕾絲和安德魯怎麼了呢？兩人的基礎很穩固，但他們之間的關係每下愈況。他們需要更多時間做愛、接觸、親近，但他們沒有時間，也沒有騰出時間。他們的生活成了兩條平行線，安德魯在基地做他的機密工作；葛蕾絲在家安排手指塗鴉畫，教小手指彈奏吉他和弦。到了晚上，又是一場衝刺：準備晚餐，哄每個人洗澡、上床睡覺，然後回到電腦前處理不可免的最後一輪電郵或文書工作。帳單、碗盤、寵物、洗衣。有時，他們會在晚上坐下來觀賞一部喜歡的 Netflix 影集。故事講述一對你難以想像的遙遠異地戀伴侶：她是一名太空人，正在執行為期三年的火星任務；他留在家裡，任職指揮中心並照料他們的女兒。即使在觀看節目時，他們也是分坐在不同的家具上，而不是坐在一起——葛蕾絲在沙發上裹著毯子，安德魯坐客廳對面的扶手椅。

他們的性生活看似乏善可陳，這當然是個問題，但這只是潛在的警訊。他們碰不到彼此。

我們致力於情感連結，但他們確實需要肢體接觸的連結，來彌補忙碌、分隔的生活所造成的距離。因此我們開始研究微接觸（mini-touch）。當他們從彼此身邊跑過時所做的一些小而迅速的接觸：很快親一下、捏一下肩膀、擁抱一下。

我們安排了他們在一天結束時迎接彼此的方式。這是我們想出來的計畫：無論誰較晚回家（通常是安德魯下班回來，但有時是葛蕾絲和孩子們辦完事或放學回家），都要打開門並大喊：「我回來了！」先回家的人要到門口來迎接，擁抱親吻。

他們很喜歡。這個計畫好玩又有趣！孩子們也加入了。他們喜歡跑進家門後尖叫：「我回來了！我回來了！」他們喜歡雙親站在一片混亂中，久久地相互擁抱。

他們開始尋找各種機會來增加肢體連結的儀式。早上，他們開始在告別時親吻——即使安德魯提早離開，也會親一下還在熟睡的她。《親吻的科學》（*The Science of Kissing*）書中提到一項德國研究發現，早上和妻子吻別的男人比沒這麼做的男人多活五年。晚安儀式也非常好，無論當晚是否有性行為。還有哪些方式可以和伴侶道晚安？親吻、擁抱、互摟著說說話，直到大家都睏了然後準備睡覺？這些都可以是甜蜜的片刻。

最近一項研究對一百八十四對伴侶進行觀察，調查了情感依戀和身體「接觸滿意度」之間的關聯。重點是非性的親密接觸：擁抱、牽手、依偎等等。毫不意外，他們確實找到了強而有力的關聯性。但真正有趣的是，人們在接觸需求和接觸焦慮方面的意見差異極大（想擁有比實際得到的更多）。但即使人們說他們沒有得到想要的大量接觸，當看到伴侶付出努力，他們的關係也能獲得改善。換句話說，光是看到並感覺到伴侶用心進行身體接觸，便足以提升愛意。

在愛的實驗室，我們觀察了三千對伴侶，發現肢體連結的模式十分清楚。六年後仍然幸福在一起的成功伴侶，是那些在下廚、打掃、談論天氣時深情地彼此接觸的，是那些時常牽手的，是那些即使在衝突中也能互相碰觸打氣的，是那些依偎著而不是遠離對方的伴侶。因此，如果你分別從他們兩人的頭頂筆直向下畫一條線，這兩條線總是不斷在靠攏，就像活動橋緩緩下降的兩端，即將連接。

今日實務

微接觸的魔力

要獲得療癒劑量的催產素，你需要投入時間。但少量時間也能聚沙成塔，這裡抽點空，那裡抽點空，就會帶來改變。它們會急劇聚集、累積，加強你的情感和肢體連結。因此今天的任務是盡可能多創造一些身體接觸機會。不一定和性有關，只是一起窩在沙發上，牽著手或停下來抱一下，都能培養、滋長你們的肢體連結和親密感。你做什麼取決於你，能做多少都好。越多越好！但務必和伴侶討論，確保雙方都同意。這應該是輕鬆自在又有趣的。只要大家都全心投入，就放手去做吧！

親吻能激活十二對腦神經當中的五對，這非常好！二十秒擁抱會釋放催產素到血液中，血管會擴張，大腦會接收更多氧氣。生理效應是真實的。所以去獲取這種愛情荷爾蒙吧：它對你的大腦、身體和伴侶關係都有好處。

你一天能完成多少以下動作？

盡情打勾吧！

□親吻……六秒
□擁抱……二十秒
□牽手……愛牽多久隨你喜歡
□進行十分鐘按摩（一人坐沙發上，另一人坐他跟前的地板上……然後互換）
□在沙發上窩著
□一手環抱著伴侶
□交談時輕觸對方的手或臂膀
□在伴侶緊張時將手放他肩上

□觸摸額頭

□在桌底下碰碰腳

反思……

好了，在一天即將結束時，花幾分鐘和伴侶分享對於當天多了點接觸的感覺，包括給予和接受。有沒有什麼特定時刻或類型的接觸是你真正喜歡的？什麼樣的接觸在你感覺是最好的？你希望將哪些類型的接觸更常融入你們的關係？討論一下如何能更頻繁地去做。你會慶幸你們討論了。

障礙排除

如果撫觸讓你感到壓力……

我們往往認為，如果伴侶經常碰觸我們，就表示他們想親熱，但不見得如此。伴侶一方可能只是在尋求親密感和連結，另一方察覺到別的欲求，但當下他並不想要，於是將深情的撫觸推開。

為了釐清：具體討論深情撫觸和性愛撫觸的分界。對你來說界限在哪裡？當伴侶更了解他／她會透過撫觸你的方式向你發出什麼信號，你就更能夠在沒有壓力的情況下享受深情的撫觸，並在合宜的時機進行性愛撫觸。

如果你和伴侶有不同程度的接觸需求……

有些人不太習慣或不太需要撫觸。有些人則渴望透過它獲得親密感和被接納的感覺。有時，我們合作過的一些伴侶，在撫觸舒適度上的巨大分歧構成了嚴重問題。但伴侶通常都能學著順應彼此的撫觸舒適度。如同我們討論過的，這可能有文化上的差異，而且是根深柢固的。

如果你從伴侶那裡得到回饋，說他想要的接觸次數少於你提出的次數，別把它當成拒絕。要了解人有不同的背景，不同的童年經驗，這些經歷會留下什麼讓人感覺自在、什麼讓人不自在的印記：例如，你的家人是否熱中於擁抱和肢體親密，會對你造成極大影響。從小接受的教育在我們大腦中形成這些深刻的足印，而在成人關係中我們往往踩著這些足跡前進。

所以要記住：我們一生的任務之一，就是對這些持久性弱點抱持同情。伴侶有這感覺並不是他的錯，不表示他拒絕你。事情就是這樣。打個比方：你有非常淡的藍眼睛，必須戴太陽眼鏡，但你的伴侶不喜歡，因為他希望能看著你的眼睛。這下……你又能怎麼樣呢？承認這不是誰的錯，事情就是這樣，可以走得更長遠。

如果接觸實在很棘手……

如果你的伴侶昔日經歷過有害的接觸——無論是性侵害或虐待——你需要和他討論哪些接觸可以，哪些不行。如同今天所探討的，談論撫觸這件事（而不只是猜測）對所有伴侶都很重要，但在這情況下尤其重要。經歷過性創傷或性虐待的人當然可以從治療中受益，可是關於哪些類型的撫觸會讓他們感到安全、放鬆和亢奮，以及哪些類型的撫觸會引發防禦、不安或恐懼反應的各種問題，可能永遠也無法「搞定」。所以和你的伴侶談談：「你最喜歡我碰觸你的方式是什麼？我有哪些碰觸或擁抱的方式是你不喜歡的？」

經歷過性侵害的茱莉不喜歡被人從背後抱住，甚至不喜歡突如其來被碰觸。在漫長的婚姻中，我們找到許多解決這問題的方法。當約翰打算來個擁抱或依偎，但不確定茱莉有沒有看見他，他會說：「來了！」當茱莉聽到這句話，他的擁抱總能被接受。

第7天

制定約會日

來談談婚姻中的孤獨。

聽起來很負面，但這對許多伴侶來說是生活的事實。因此，如果你有這種感覺，或曾經有這種感覺，你不是局外人。這很常見。我們可能共度了幾年或幾十年，生兒育女，使用同一個空間，但我們並沒有依照初衷共享生活，而是過著平行人生。我們可能會發現自己和結婚或委身的對象、我們愛的人坐在同一個房間裡，卻感覺非常孤獨。

二〇〇二年，加州大學洛杉磯分校史隆中心展開一項前所未有的研究。他們派出多位社會科學家進入一些忙碌的家庭（有孩子的雙薪家庭），記錄每個家庭在一週內每一個清醒時刻的活動。就像實境秀時代之前的實境秀：拿著手持攝影機的研究人員追蹤人們從一個房間到另一個房間，錄下每一次互動、對話和嘆息。這和愛的實驗室截然不同，愛的實驗室只用不顯眼的攝影機捕捉數據，伴侶們很容易有獨處的感覺。但在這裡，有個活生生的人和參與者同在一個房間，在他們和伴侶商量事情時對著他們猛拍。這樣被緊盯著，參與者應該會覺得彆扭、難為情，對吧？

該研究參與者後來自述說，事實上，他們確實慢慢忘了有其他人在場。儘管一開始感覺很怪而且有侵略性，那些手持攝影機的人類學者很快融入了背景，參與者能夠在家裡表現得十分正常自然。結果，在一週研究結束後，研究人員收集的一千五百四十小時錄影帶提供了現實世界中伴侶相處方式的精確寫照：他們花多少時間和彼此、和孩子相處，或做家務；他們的爭吵和談判；他們的愉悅時刻和艱難時刻。當他們一醒來、準備展開新的一天，攝影機就開啟，直到最後一盞燈熄滅才關閉。

這項研究是在西洛杉磯的中產階級社區進行的。有三十二個家庭參與，樣本體現了洛杉磯的種族多樣性：黑人、拉丁裔、亞裔和混血家庭，連同幾對同性伴侶，都接收了剖析。這項調查成了數據寶庫，為了解現代伴侶的實際生活方式提供了深刻觀察。有件事很突出：丈夫和妻子單獨同處一室的時間只占10%。但更令人震驚的是此一事實：夫妻之間平均交談時間只有每週三十五分鐘。對話多半是關於家務安排：跑腿、帳單或誰要做什麼。這些對話幾乎沒有觸及更深層的主題——不那麼緊急，但實際上更重要的話題。

沒有「你今天過得如何？」或者「你的工作順利嗎？」、「你會不會覺得工作多了點？」、「你在想什麼？」如果一起晚餐，他們會和孩子們說話，而不是互相交談（其本身很有價值，但是不同於夫妻間的連結）。顯然，到了研究結束時，對絕大多數夫妻來說，生活已變成一張沒完沒了的待辦事項清單，而當中最重要的伴侶關係卻被忽略了。

史隆中心這項研究主要針對有孩子的雙薪夫妻，但我們在每一種家庭型態中看到同樣的情況：一人在家、一人工作的有孩子的伴侶；雙方都工作的伴侶；甚至一些因為提早退休或休假而雙方都無須工作的伴侶。沒有孩子的伴侶也有同樣的經驗——以工作為中心，疲憊不堪；到了晚上回到家，我們只想癱在沙發上看電視。也許同處一個房間，卻沒有交談。

這也沒什麼不對。我們都需要不時地減壓和放鬆，其他時候，我們得把事情辦完：哄孩子上床睡覺、洗衣服、趕工作進度。生活本就如此！但如果日復一日這麼做，我們會忘了另一半是什麼樣的人。愛的地圖逐漸褪色。

人們會隨著時間改變、演進，而時間過得很快——快得超乎想像。有孩子的年輕伴侶（其實所有人都一樣）往往只顧低著頭衝、衝、衝。但如果我們不抬頭，時常停下來查看一下伴侶在哪裡——他們在想什麼、擔心什麼、興奮什麼、夢想些什麼——當我們最終停下來，試圖和他們連結，會覺得他們好遙遠。想找他們，或他們找我們，會變得越來越困難。

我們可能相當成功地支付帳單、賣力工作、完成一切、追求卓越、朝著目標努力，但也可能有太多時候沒有關注彼此，以致在各方面都完全脫節了。史隆的研究發現了一個普遍存在伴侶之間的事實：一旦互許終生並安定下來，他們就不再關注這段關係了。其他問題似乎更加緊急、迫切。至於伴侶關係——我們賴以建立成人生活的堅固基石——則被視為理所當然。如果不加以維護和保養，它可能會逐漸碎裂、崩解。

出去找點樂子

我們希望能更妥當地回答以下問題：誰會接受伴侶治療？是什麼驅使他

們去的？我們調查了四萬多對不同性取向、即將展開治療的伴侶。其中八成的人表示，他們關係的「樂趣不再」。他們失去了在一起享樂的能力。

社工兼作家韋納－戴維斯（Michele Weiner-Davis）寫過一篇關於「性飢渴婚姻」的文章，敘述一對性生活逐漸消失的夫妻。根據她的經驗，當伴侶前來諮詢，他們通常不會把性生活當作首要怨言，而是把其他事項作為首要問題提出，例如家庭勞務分工、財務或教養方式的分歧等問題。但接著可以明顯看出，他們無論在身體、情感或心智上都已經脫節過著不再有交集的平行生活。

但我們看到的是，即使人們接受性治療，也往往以失敗告終。為什麼？我們推測性治療有時感覺過於狹隘。只是表面現象，不是核心問題。真正的問題比性更重要。沒錯，性慾消失了，但感官滿足、冒險和樂趣也是如此。就好像我們接收到這個信息：「長大成人」意味著關閉孩童時期的想像力——玩耍、幻想、創造力。我們逐漸相信，為了獲得成功，必須放棄這些「幼稚」的追求。但成功的關係是建立在這些之上的，它們是人類最美好天性的一部分。我們最好的藝術和思想來自它們，最親密的時刻也來自它們。然而，分分秒秒、年年月月，它們落到我們一長串優先順序清單的底部。

許多伴侶無意中關閉了對感官滿足、冒險和樂趣的開放態度，於是為了找回它們而嘗試的所有策略都毫無進展。他們對撫觸、開放式問題或伴侶的浪漫提議沒有反應，甚至不再享受美味佳餚，或在廚房裡探索新菜餚。從根本上說，「性飢渴婚姻」其實不只和性有關。在這樣的婚姻中，人隨著時間逐漸關閉了所有形式的開放性：感官享受、冒險、玩耍和做傻事、共同學習。他們忘了當初建立關係的種種原因：肢體親密、依偎、進行愉快交談和一起放鬆、一起跳舞、一起探索和一起旅行。這一切緩慢而逐漸地被無止境的待辦事項清單給取代，最終……孤獨取代了連結。

我們也在婚姻的某個時間點遇上這情況。我們都忙翻了。約翰必須全職教學、寫獎學金推薦信和發表論文。茱莉每週花整整四十個小時會診患者，這還不包括工作的其他部分：文書處理、準備事項和資料收集。兩人每週都工作至少六十小時。從認識的那一刻起，我們就一直是一對忙碌、雄心勃勃、身兼兩職的伴侶，如今，我們為此付出了代價。我們常對彼此厲聲說話，易怒且脾氣暴躁。在家裡，我們離得遠遠地，而非靠近對方，就像兩個互斥的磁鐵。我們當然不再約會了，晚上都有大堆工作要趕，太累了，最不想做的就是出門。

但有一天，我們又因為某件事——天曉得是什麼事——起了小爭執。這場爭執其實是為了別的事。是關於我們有多麼疏離，甚至不再碰觸對方。我們的關係非常欠缺積極的接觸，而我們突然意識到彼此不想要這樣的生活。

我們都同意一件事：我們需要找些時間在一起，需要來個約會。我們是婚姻專家——在這件事情上為多少人提供過建議？

我們拿出行事曆，開始翻找兩人都有空的一天，但全部撞期了。

「咱們今晚就出去吧，」約翰說：「放下一切，走吧。」

我們空出整個晚上，盛裝打扮，就像準備去參加派對，然後去了西雅圖市中心的 Sorrento 飯店，一家自一九〇九年開幕至今，擁有那個年代褪色奢華魅力的漂亮紅磚老飯店。我們不是飯店客人，但假裝是。我們大方走了進去，占用一張壁爐邊的天鵝絨沙發。各自點了杯飲料，然後坐在沙發上聊了幾小時，腳邊的火苗逐漸淡去。其他客人在周圍閒逛，坐了一會兒然後離開——我們比誰都待得更久。沒人發現我們不屬於那裡，也沒人趕我們。很便宜，又帶點偷情的味道，很刺激，是一次很棒的約會。

毫不誇張，那次約會可說效果立見。走出飯店，我們感覺自己起了變化，坐在爐火旁，我們的愛火也被重新點燃。

第二天，我們在廚房煮咖啡、準備午餐盒，和往常一樣討論著當天的行程安排——誰要去哪裡、何時去、怎麼去等等，但這次我們再度感覺像兩個相吸的磁鐵了。

那次緊急約會非常成功，我們決定讓約會日成為每週一次的活動。無論如何我們都會去，而我們做到了。我們會很累，會有一些工作必須擠進第二天，肯定會帶來壓力，但我們還是不顧一切去了。這很有效，是我們關係的救生索。

Sorrento 也成了我們的「約會熱點」。我們並非每次約會都去那裡，有時約會很簡單，只是端杯酒或茶坐在門口臺階上，看著晚上的行人、騎單車的人和汽車穿過街區，談談當天發生的事、我們讀到或想到的東西，或未來。但每隔幾個月，我們就會穿上漂亮衣服，去Sorrento，占領我們的沙發。約翰會帶一本黃色記事本去做筆記——身為出色的研究者和科學家，他也將好奇心和熱情帶到了約會日。他會擬一張開放式問題清單準備提問。通常，光是前幾個問題就讓我們聊得非常深入，以致從來不曾完成整個清單。

我們都有壓力，也有責任，有一大堆必須在一天內完成的事，而這根本是做不到的。在史隆研究中對在職夫妻進行調查的研究人員指出，這些人大多數似乎有三份工作——兩份職業，加上無休無止的操持家務和親職工作。沒錯，你希望在工作上取得成功，支持生活周遭的人，完成待辦事項清單。但關鍵是，你不希望為了做到這些而犧牲你在伴侶關係中的幸福。

這就是為什麼我們懇求人們不僅要在行事曆上保留約會日，還要保持活躍的冒險精神和玩心。當今許多伴侶已變得「死氣沉沉」，不單是性，而是方方面面。我們已耗盡那種活力和生命力，那種想要彼此靠近、接觸、交談、發現彼此身上新鮮事的強烈衝動：我們想要的、夢想的、已擁有的並且感恩的。因此，當你想讓一對激情不再的伴侶重啟浪漫，要啟動的可不光是床笫之事，而要啟動一切。這就是為什麼約會日和你們去哪裡（甚至有沒有去哪裡）無關。這事必須在你們兩人不受干擾的情況下進行。

正確進行約會日

多數人聽到「約會」就會想到餐廳。沒錯，你當然可以帶情人到餐廳約會！但說到重要的約會，你不需要盛裝打扮和預訂位子。事實上，我們希望你能擴展「約會」的定義。

約會是為了拓展你的愛的地圖，為了提出開放式問題，然後看最終會有什麼結果。它是為了在同一個空間中靠近彼此的身體，從伴侶那兒獲得一些有如水之於植物般清新的正向接觸。最重要的，約會是為了冒險。可以是名副其實的冒險：一起去一個新地點，例如溜進時髦飯店。也可以是比喻性的冒險：一起坐在門廊上，望著太陽在樹梢落下，看對話會把你們帶往哪裡。

我們見過不少在約會上極富創意的伴侶。一對伴侶會在下班後約在酒吧見面，但不會以真實身分到達。他們會扮成各種角色然後演出一段劇情，邊喝著歡樂雞尾酒邊即興發揮。有一次，他為蘇聯KGB工作，她則在美國CIA，兩人都想招募對方。他們每個月這麼做一次，每次都有新角色。對他們來說，這是一種玩弄身分和慾望的方式，發揮想像力，互相接招，像穿大衣那樣，從彼此短暫套上的身分中尋找寶貴的真相。

另一對住在遊樂園附近的伴侶會在約會日走到那裡，坐上摩天輪，邊說邊笑地看著閃閃發光的巨大摩天輪緩緩轉動，最終停在最頂端。在那裡，他們談論著明天、週末或未來五年的計畫，同時可以看見整個城鎮在底下延展開來。還有一對住在奧卡斯島、小房子常被他們的青少年子女和朋友占據的夫妻，會在背包裡裝幾根蠟燭、一瓶酒以及些許乳酪和蘋果。他們會走上突出於該島與鄰島之間水域的長碼頭，攤開野餐物品，然後坐在那裡，聽海豹在水面拍打捕魚，直到天氣轉冷，蠟燭熄滅。即使只是在工作日中午到特定的公園長椅上會面，當著來來往往的陌生人面前，吃著放在腿上的午餐，都會是美妙的約會。

通常，我們會建議將約會限縮在你們兩人之間。但有時，一家人都需要來點冒險。我們女兒還小的時候，她會被自己的待辦事項清單壓得喘不過氣（在這方面孩子們也像成年人一樣）。某個無聊的週末，她對我們說：「我討厭週末！整天都在寫作業！」於是我們把她推上車，一路開到西雅圖市中心的渡輪碼頭。這裡綠白相間的大船每半小時發一次船，穿過普吉特海灣，駛向各個島嶼和半島。我們沒有事先計畫或查看行程，只是排隊，開車上到下一班船，然後任由它帶我們到任何地方。這種即興冒險成了一種傳統。有一次，我們到達一個遍布釀酒廠、書店和畫廊的小島城鎮，在鎮上閒逛，看看陶器，吃著紙袋裡的軟糖。還有一次，我們來到一片空曠、風大的海灘，走來走去，尋找沙灘玻璃，頂著風大笑大叫。令人驚訝的是，我們在這一帶住了那麼多年，只需搭乘短程渡輪即可抵達，竟然從未到過這些地方。

約會日不一定要在晚上，不一定要花錢，不一定要請保母，甚至不一定要出門（不過我們將帶你了解一些重要的基本規則，以了解哪類活動適合約會日，哪些不太適合）。隨著疫情的蔓延，凡妮莎和卡羅斯這對夫妻在後院度過他們的約會日。他們會在傍晚給烤爐生火，讓三個孩子（分別是兩歲、六歲和十歲）烤棉花糖和吃棉花糖夾心餅乾。到了就寢時間，他們會添些柴火，哄寶寶睡覺，讓兩個較大的兒子開始他們的夜間作息。然後他們會回到外面的火爐邊，一起坐在那兒，沒有電話，只有木柴的嗶剝聲。孩子們知道「約會日」很特別，他們應該讓爸媽獨處（做著大人拿著酒杯在火爐邊會做的事，被不知什麼事逗得大笑）然後自己上床睡覺。只是事情往往不如人意。男孩們從窗口探出頭來，低聲叫喊：「牙膏在哪？」或「他打我！」然後寶寶會醒來。有時下雨，夫妻倆仍繼續坐在屋外，拉上帽兜，笑談這一切——雨中的約會日，在冬日陰天的戶外，在疫情中。

對兩人來說，工作壓力可能成為障礙。凡妮莎是名自由平面設計師，經常得熬夜工作趕進度。卡羅斯是中學數學老師，五點就得起床，在上課前批閱考卷。但在某個時候他們約法三章：無論如何，絕不會略過每週一次的約會日。

「是啊，我有幾次沒能準時交稿，」凡妮莎說：「壓力很大。我有幾次在工作上遇到了挫折，但還是很值得。人總得放棄些什麼，而我下定決心，絕不會是我的婚姻。」

不計一切維護它

許多伴侶開始定期進行約會日的計畫，然後勉強實施。當生活日漸忙碌，它成了第一個被砍掉的事項。

總會有一些事情試圖奪走約會日：迫在眉睫的工作期限，保母難找，或者疲憊不堪的感覺。因此，讓我們幫你一把：這是一項要求。想像我們給你寫了張醫生短箋，一張簽了名、註明日期的處方，為了你的健康必須緊急執行的。要習慣對那些要求占用你為愛人保留的少量（相對而言！）時間的人說「不」。

對約會日做出堅定的許諾，就像為兩人建立一座堡壘，以抵擋外界無休止的衝擊——種種需索、工作期限、待辦事項、繁瑣的家務和差事，甚至是你全心投入的極有價值的追求，無論在事業或親職中，或兩者兼具。這次不是額外的，並非紅利或獎勵，而是一種投資。事實上，它很有趣，但不表示無足輕重。它應該要有趣，而樂趣就看約會日如何發揮它的魔力。

我們最常推薦給伴侶們的干預措施之一，就是定期、不容商量並排除萬難的約會日。為什麼？因為它有效。在收集了所有數據，並和數千對伴侶一對一合作之後，我們看到了哪些生活「手段」（lever）的調整能真正產生影響——而這正是最強而有力的一種。如果你沒時間進行約會日，騰出時間吧。是的，我們建議你騰出時間。必要時變也要變出來！把某件事取消，讓碗盤先在水槽裡待著，讓工作電郵多等會兒。這件事重要多了。

今日實務

制定約會日——沒有藉口！

今天就邀你的伴侶來場臨時起意的小約會。「約會」不見得非要吃大餐、請保母。它可以在雨中的自家後院，也可以在門廊上進行。

約會日的基本規則

- 不看電視！不帶手機！不看 Netflix。這是眞實生活中的面對面時間。
- 別喝太多！喝一、兩杯紅酒增進感情就夠了。但不要狂喝到忘了自己是誰的地步。
- 確保你們雙方都同意這計畫！這是需要共同努力的事，兩人都應該投入。
- 別假設最後會以性行爲結束。壓力太大了。

・如果有人需要吐苦水，談論什麼給他帶來壓力，要對此保持開放。今晚不見得要多麼圓滿，或以特定方式進行。還會有其他約會日。（例如下週，因爲你已養成這習慣了，對吧？）

・別把它當成社交活動。只有你們兩人！

・由於你們已經一週、一個月、一年，呃……十年不會眞正交談而感到緊張？無論如何，去做吧。

・使用開放式問題讓約會順利進行。你在想什麼？這陣子你有什麼開心的事？這週你的最低點是什麼？你現在最期待什麼？

・表達興趣和好奇。再多說一些。繼續說！還有呢？

・最後：力求簡單。重點不在你們在哪裡或餐點有多美味，而在對話、時間、接觸、親密感。無論身在何處，你們倆在一起。

障礙排除

不確定該如何進行自發的、臨時起意的約會？

只要稍微改變一下日常作息，就能享有些微的冒險和新鮮感。拿出你珍藏的獨特點心來分享。放點讓人感覺親近、懷舊、歡樂的音樂。尤其如果你是在家安排約會日，那麼在平日環境中，任何可以顯示「這次不同／特別」的事物，都有助於在約會日的親密空間周圍建立起一層保護泡泡。

茱莉說：「我父母有一次約會把燈全部關掉，點了蠟燭，坐在客廳地板上，圍著咖啡桌吃飯，就為了製造一點特別的、浪漫的東西。」

如果你願意，打扮一下吧！即使沒出門，穿上漂亮衣服，拿出時髦酒杯。有何不可？即使最平淡的工作日夜晚，也將因此有了特殊節日的氣氛。

結論

更新你的處方

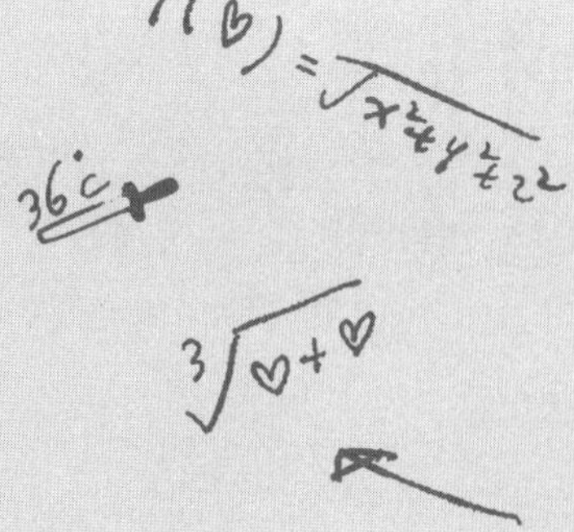

泰和奧利已在一起兩年了。泰來自加州，奧利則來自奈及利亞，儘管他在倫敦長大。目前他們同住在該市一間小公寓，兩個男人都二十歲出頭。從長遠來看，他們的關係是嶄新的，然而他們已弄清楚了我們常在愛情「大師」身上看到的一些成功秘訣。

當這對愛侶交往不到一年，我們這一生影響極巨的事件——COVID-19疫情——展開了。突然間，他們不再出門約會、和朋友碰面、旅行、探索城市。他們每週七天、一天二十四小時一起窩在小公寓裡，學習遠距工作，學習建立一種全天候的、全面的、不分日夜的關係。

泰說，首先浮現的事情之一，就是他們面對衝突的不同風格。泰的天性是閃躲或避免當面對峙；奧利則是立刻說出來。

「我們會為了雞毛蒜皮的事發生摩擦——你知道這類事情了！」泰說：「我這人的個性是，我會把事情憋在肚子裡、生悶氣，但奧利會追著我，想把事情說清楚。不管之前我們究竟吵些什麼，都……抵銷了。就好像這再也影響不了我們了。我在以前的關係中從未有過這種模式。感覺真的很好。」

他們還想出其他辦法。如何給彼此空間。如何在沒有來自伴侶、必須和他做同件事的壓力下，做自己的事（這在疫情封城期間至關重要！）。如何空出時間，把工作、社群媒體和其他需求放下，只和彼此連結。在這方面他們的工作很難完美配合：泰的工作是依循加州時間，奧利則是倫敦時間。奧利一早就開始工作，泰則是下午。泰經常需要在晚餐時工作，或者他說的：「我坐在那兒吃飯，手機開著，一邊打字回覆郵件。」那麼他們如何共度美好時光？

「我們熬夜到很晚，」泰說：「我們有各自的工作時間表。我們是夜貓子，多數人在睡覺時，我們醒著，聊天，打電玩，聊未來。」

在忙碌的一天中，當他們覺得需要小小連結一下，讓兩人的頻率重新對上，一人會要求對方來個長長的擁抱或「三十秒躺平」——所以，在Zoom視訊電話之間，他們會躺下來用不到一分鐘的時間調情，就像給電池快速充電。

對正處於希望共度漫長旅程的開端的泰和奧利來說，最大的挑戰是弄清楚如何為他們的需求、慾望和夢想提供空間，同時克服對獨立的期待、擔憂等等。

「我會坐在辦公桌前寫東西，幻想著搬到巴塞隆納，租一間陽光明媚的公寓，走在鵝卵石街道上，結識新朋友，做個隻身在城市中遊走的年輕人。」泰說。

在過去的關係中，他的伴侶對這種事並沒有太大反應。泰不想貿然提起這件事然後引發激烈爭吵、不良情緒、不安全感和嫉妒。

「我有過一些不太好的經歷，」泰說：「但是對奧利，我直接提了出來。我不希望我們之間有任何隱瞞。於是我說：『如果我想去巴塞隆納一個月，沒有你陪伴，你能接受嗎？』他大致是說：『當然，如果這是你要的。』」

他們聊開了。泰在自我反思時說，他一直在思考自己可以過的不同生活方式，所有可能的道路從彼此間萌生，就像一棵有無限分枝的樹。他很愛奧利和他們的共同生活，但他也渴望能自己去探索，在世上成為一個獨立自主的人。

「我內心永遠有一部分渴望著個人體驗，」他說：「但奧利已經為它提供了空間。我可以有突發奇想，我可以感覺彷彿有了活動的空間，我可以探索種種可能性而不怕他受傷。我們可以是兩個個體，因為我們能公開談論這些。我意識到伴侶關係不一定會阻止我去做想做的事，我可以去做，同時擁有一個家庭基地。」

我們寫本書時，泰和奧利正期待著隔離限制的取消。不久他們就可以再度去旅行了。他們計畫去加州探望泰的家人。但就目前而言，他們活得很起勁。他們慶祝了疫情封城兩週年紀念日，無法像平常那樣出門慶祝，例如去Gordon Ramsay的餐廳、在擁擠的酒吧喝上等雞尾酒。他們必須在家裡施展一點週年紀念魔法。泰做晚餐時，他聽到客廳裡有各種翻找東西的聲音。

「你先別出來！」奧利大喊。

秘密揭曉：奧利建造了……一座堡壘。他把幾張沙發湊在一起，把墊子堆高，給整座柔軟城堡蓋上漂亮毯子。他在中間打造了一個完整的野餐空間，有一瓶酒和漂亮的玻璃杯。

儘管發生了疫情，這仍然是一個有趣而新鮮的週年紀念日。但兩人表示，在這任何人都未曾經歷過、最動盪和不可測的時期，他們能成為好朋友和好戀人的主要原因是，彼此從早到晚互相讚賞。

「一整天，我們一有機會就不停地說：『謝謝你，我感謝你，我覺得你真是太棒了。』」泰說：「我們對所有大小事都表達感謝，不管是聆聽情緒宣洩，煮咖啡時順便為對方煮一杯，所有一切。而且我們每一次都是真心的，有感而發。」

馬特和亞卓安住的地方和泰與奧利隔了半個地球，已經結婚四十四年——早在這兩個男孩出生之前。他們有兩個子女和三個孫子。然而，亞卓安如今卻說，她從未打算結婚或生孩子。如果時光倒轉，你告訴她四十多年後她和馬特仍然是夫妻，她肯定覺得難以置信。

「那是七〇年代，」亞卓安說，當時他們相遇並墜入愛河。「沒人會結婚！那一點都不酷。況且，我看著母親在家撫養五個孩子，我母親那一代的女人很少有自己的事業。當我離家上大學，我不知道自己想做什麼，但我確定兩件事：我永遠不會結婚，而且永遠不會生小孩。」

一九七四年，她在大學學生報社工作時認識了馬特。他是圖片編輯，她在排版室工作，編排文案。他會進來看著她，要求和她約會，她總是拒絕。後來她在萬聖節派對上遇見他，他打扮成一個頭髮蓬亂、笑容淘氣的瘋狂科學家，她有點動心了。當她站在樓梯上方，看著他在底下和其他盛裝參加聚會的人用SOLO派對杯喝桶裝啤酒聊天，她踢掉一隻鞋子，伸出腳，用腳趾撩他的頭髮。

「那真是，」她說：「令人難忘的一刻！」

兩年後，他向她求婚。她說不。她認識的人當中沒人要結婚。婚姻似乎並不真正符合女人的最大利益，但他不斷求婚。最後，為了讓他開心，她答應了。

「我心想：『好吧，有何不可，大不了離婚！』」

早上九點他們在市政廳結婚，雙親擔任見證人。他穿著海軍藍羊毛衫，她穿著短上衣和裙子，沒有婚戒。

接下來幾年波折不斷。亞卓安原本是平面設計師，但在孩子出生後放棄了。她發現要育兒又要工作太困難了，尤其是馬特要花很長時間到城裡上班，搭火車往返四小時。於是她做出了犧牲。為了他的工作，他們數次搬家。她覺得自己放棄太多，但大都沒說出來。

「孩子們還小的那幾年是最艱難的，」亞卓安說：「他工作時間很長，通勤也很累。我們和父母家離得很遠，我照顧孩子幾乎沒得休息。我落入一種我常說絕不想要的傳統安排。如今我意識到，當時我從未和他談過我從他那裡得到的支持是多麼少。我沒告訴他我需要他做什麼。我只是默默熬了很多年。」

至於馬特方面，他也有自己的難處，力圖在競爭激烈的公司職場中站穩腳跟。現在他說：「我只是悶著頭衝刺，我確實只專注在事業上，養家的責任讓我徹夜難眠，但當時我的確沒有把我的困難說出來。」

從那時起，馬特轉而從事他認為更有成就感的公共服務領域的職業。不再為撫養孩子消耗精力的亞卓安則有更多自由去追求自己的事業，當起了自由工作者，回到她擔起母職之前所做的平面設計。兩人都表示，如今他們的關係空前地好，而且成了庇護和支持的來源。但這並非一夕之間發生的。

它是從許多小小的路線修正逐漸形成的，例如放棄一些小東西。在需求和問題出現時就討論，而非悶在心裡。他們開始優先考慮共處的時間，一起出去找樂子。他們幾乎每個週末都會出門探險：在樹林裡健行、開車到戶外雕塑公園、在雪地裡野餐。他們沿著鐵路騎單車，前往一家亞卓安喜愛的書店，然後在回來的路上，到馬特最愛的一家老式餐廳吃午餐。每年的結婚紀念日，他們都會做同樣的事：帶一瓶香檳到樹林裡，找個景致迷人的地方坐下，互相舉杯，就算下雨也一樣。

兩人都形容他們的關係有如兩條火車軌道，一起前進，緊密串聯，其他時候則岔開、平行，接著再次交會。有時他們也懷疑自己是否能成功。沒有什麼了不起的啟示讓他們守在一起，只有不間斷的日常工作：認定他們的婚姻是值得的，而且他們一次又一次地選擇了它。能夠更開放地彼此溝通真的太重要了，他們終於能互相分享早先的各種困難。兩人都對那段艱難的歲月，以及彼時對方的處境有了更準確的掌握。他們了解到當時他們是如何互相排斥，如何讓情況變得更加困難。亞卓安說她不再躊躇於分享自己的感受，兩人都更願意說出自己正在經歷的事情、想法和感受，使得怨恨和誤解在萌芽階段就消弭於無形。

「他們說我們絕不可能長久的，」她說：「不，真的，每個人都當著我們的面說：維持不了多久的。好吧，你猜怎麼著，我們做到了。」

他們在四十四年婚姻中學到了什麼？

「兩人一定要再次相遇，」亞卓安說：「六十歲的你和二十歲的你已不是同一個人了。不可能一樣。因此，你必須注意自己是否已跟不上對方的腳步，這是常有的事。我不知道有誰能在一起一輩子而不經歷這種事。問題是，你會不會努力去重新認識彼此？你好奇嗎？你們能不能繼續當朋友？這就是浪漫，真的，就是友誼。」

本週你大有進展！

過去一週裡，在翻閱本書的同時，你也逐日體驗了七種新的建立關係的習慣。你練習了許多真正愛情大師的關鍵習慣：

- 你騰出時間來和伴侶互相問候，「今天你需要我做什麼？」繼續下去：確保你們往後的日程安排仍然包含健康的日常連結。
- 你們互相問了一些重大的、開放式的問題，這些問題可望帶你進入新的領域，讓你發現一些你還不知道的關於伴侶的事。繼續下去：記住，我們不只要建立愛的地圖，還要更新它們。說到你的伴侶，他的內在景致將不斷變化，這正是爲什麼長期親密地了解某人是如此令人興奮。
- 你注意到伴侶做對了哪些事，並爲這些日常小事表示感謝。繼續下去：表達感激不是只做一次就可以交差了事的工作。表達感恩和接受讚賞是一種情緒上的激勵，可以讓你們倆每天都受到鼓舞。

・你給了伴侶眞誠的讚美。繼續下去：欽慕是要積極去做的事。每個人都有缺點，我們都會對彼此感到洩氣。但你可以選擇把它抵消掉，並在你腳下建立一個相互尊重、欽慕的堅實基礎，專注於這個你有幸與之分享人生的人的美好、獨特和無可取代之處。

・你練習了把你的需求告訴伴侶，以免沒有明說的需求或願望成爲不滿的來源。繼續下去：遠離怨恨不滿，當你感受到需要、願望和期待，務必表達出來。

・你用心安排更多親密肢體接觸的美好時刻。繼續下去：肢體接觸和親密感對你的健康、伴侶關係和性生活都有好處。牽手，不需理由的親吻，靠過去擁抱一下。未來的你可能會有更好的血壓和更強的伴侶關係，他會感謝你的！

・最後，你發布了一次自發性的約會。繼續下去：永遠別停止和伴侶約會！雖然像本週這樣心血來潮的約會很棒，但我們能給你的最佳約會建議是提前計畫，每週爲約會日設定時間，安排所需的一切支援（例如保母），並積極維護它。我們熱烈主張伴侶應當定期進行約會日，還爲此寫了一本書，名爲《讓愛情長久的八場約會》。如果你喜歡本週的練習，並想再接再厲，我們推薦你接著閱讀本書！

經過本週後，我們對你的期待是：在每天進行這些練習後，你會感覺和伴侶的關係親近了點。你們倆會在某個時刻一起大笑。你會感受到連結的溫暖光芒，硬幣落入感情帳戶的清脆「叮叮」聲。也許你本週甚至有一次談話或衝突，讓你可以動用「帳戶裡的錢」，而且情況比平常順利了點。

我們之前提到「四騎士」：批評、鄙視、防衛和冷戰，當我們忘了這些生活小事的重要性，當它們被忙碌和壓力取代而遭到忽視，當它們不再是習慣，這四種破壞性力量就會大舉入侵我們的關係。你眼前的任務是讓這些練習變得像刷牙一樣平常，養成習慣，成為你日常節奏的自然要素。當你這麼做時，就為你們的關係穿上了四騎士無法突破的盔甲，讓你們的關係變得刀

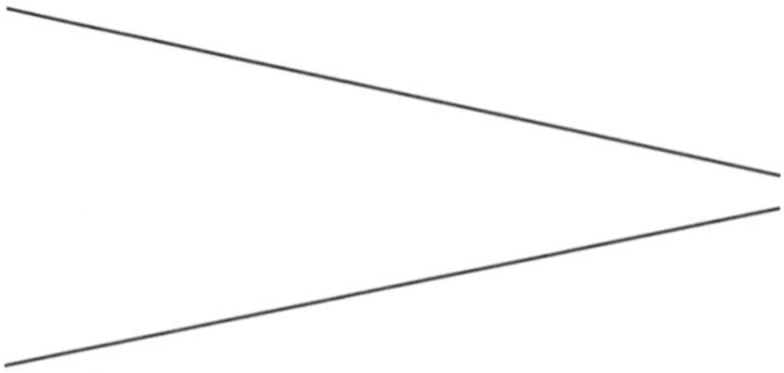

槍不入。

透過進行並維持這些小改變，你和伴侶將完全改變你們的軌跡。想像它就像這樣：這兩條線一開始相距很遠。從左向右移動時，角度只改變了零點幾度。但無可避免地走到了一起！約翰稱之為「收斂加速軌跡」（convergent accelerating trajectories）。意思是：「日常小事」可以日積月累成為大改變。

因此，為了凝聚你和伴侶的收斂加速軌跡，我們希望你在本週後開始做兩件事：

1. 寫下你的觀察結果

透過在實驗室以及自然環境下針對真實伴侶測試這些干預措施，我們知道這些習慣有助於加強關係。但每對伴侶情況各異。當你在本週嘗試這些新方法，或許已注意到有些方法立竿見影，有些可能需要繼續嘗試，給它們一點時間來發揮魔力。有個幫助這過程順利進行的方法是你可以做的，就是專注在這些新的小習慣對伴侶關係的影響，並把它寫下來進行追蹤。

在本書末，我們提供了讓你寫下簡短溫馨日誌的空間。從今天開始，我們希望你在每天結束時做點筆記，記錄自己有了哪些變化，包括你個人（你對世界的觀察，你如何看待、體驗自己的生活）以及作為伴侶的你們倆。每天晚上，花幾分鐘翻到本書最後（或者使用你自己的筆記本或日記），寫下一些關於你所做的小改變以及它們帶來的感受。

只需花一、兩分鐘，但你收集的資料可能十分寶貴。也許部分練習在你嘗試的當天並沒有為你帶來變革性的成果，可是當你經常把它納入日常作息，就會發現差異。記錄自己的體驗可以讓你了解哪些練習會隨著時間產生重大影響，你就不會錯過。

2. 展開小型「國情咨文」會議

接下來四週，每週一次，在週末（或你們都有空的時間）舉行一次簡短會議，只有你們兩人。我們稱它State of the Union，因為希望你們像在做國情咨文報告一樣，只談你們關係中進展順利的事。這週你們兩人之間有什麼事感覺不錯？記得和彼此分享。想出本週你很感激伴侶的三件具體的事，然後告訴他。例如：我真的很感謝你那晚在我很累的時候清理了廚房，甚至不用我開口要求，讓我覺得受到呵護。

每天多的是機會可以注意到哪些事是不對、還沒做或不圓滿的。在每週的國情咨文會議中，你要做的是回顧你所有的成功，你的高峰，你的好事，給自己一整週劑量的積極性並相互讚賞，一次愛的擊掌。

我們很樂意引介給你的另一項資源是我們的免費APP：「高特曼紙牌」（Gottman Card Decks），裡頭有大量能幫助你持續進行本週各項練習的額外問題和提示。該應用程式是根據「愛的藝術與科學」週末工作坊中實際使用在許多伴侶身上的紙牌組創建的，但我們希望任何人都能利用它。該APP有各式各樣的問題紙牌可供你選擇，包括約會問題、開放式問題、需求表達等等。如果你想要免費、無附帶條件、簡單的方式來激發對話和建立愛的地圖，那麼這是一個可以放進後口袋的絕佳工具。

最後有個想法要送給你：愛是值得的。愛值得你花時間，即使在最忙碌混亂的日子裡，去面對你的伴侶，而不是埋頭在大堆待辦事項中。在一片紛紛擾擾中坐下來交談，為了約會而錯過工作期限，這很值得。

美好的伴侶關係能強化一切，能提振你的心情，提供你穩固的基石，讓你可以應對每一天，實現你的目標和夢想。它能降低體內壓力荷爾蒙的含量，甚至能增強你的免疫系統。它能抵消所有一切會讓人縮短壽命或失去活力的事物：孤獨、抑鬱、疾病。正向的伴侶關係有太多我們往往沒想到、甚至還不知道的隱藏好處。但科學很明確：美好的伴侶關係能延長你的壽命，讓你活得更有價值。

所以說，沒錯，日子很忙碌，時間彷彿永遠不夠用。但是愛很重要，愛讓一切變得可能。如同本週你或許已了解到的，你不需要投入大量額外時間在你們的關係中，只需要每天花點時間，一項隨著時間翻好幾倍的小額投資：以利滾利。

可還記得妮娜．西蒙（Nina Simone）的歌詞：「我想在碗裡加點糖」（I want a little sugar in my bowl）？我們喜歡這樣思考：一段關係就像一杯茶，你可以隨心所欲地調味。你可以選擇在杯裡放點糖，而不是鹽。在你受傷、敏感或疲倦時，鹽會讓人痛，刺激又扎人；糖會讓你感覺好些，它可以消除刺痛和苦楚。這正是當你在日常生活中加入一些小行動時所做的：在你的伴侶關係中加點糖，讓它越來越甜蜜。

小小行動日誌

$f(♡) = \sqrt{x^2+y^2+z^2}$

36°C

$\sqrt[3]{♡+♡}$

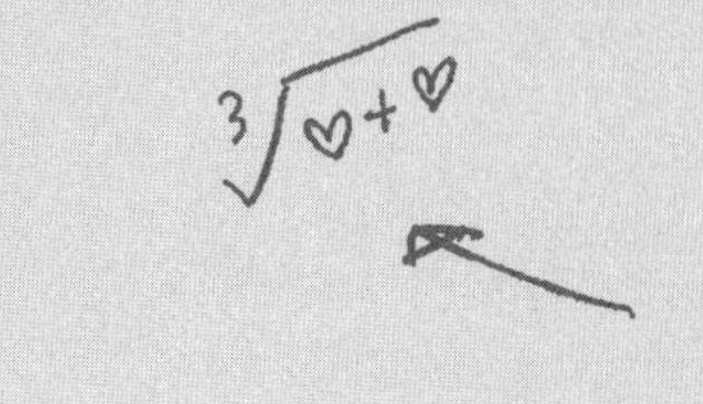

從本週開始，我們希望你在每天結束時做點筆記，記錄自己發生了哪些變化，無論是你個人還是作為伴侶的你們倆。每晚花幾分鐘記下一些你所做的小小正向改變、你的伴侶所做的小小正向改變、這些改變給你帶來的感受，以及你是否注意到這些改變對你的伴侶關係產生了任何影響。只需花一、兩分鐘，但你收集的資料可能十分寶貴。也許部分練習在你嘗試的當天並沒有為你帶來變革性的成果，可是當你經常把它納入日常作息，就會發現差異。當本書的空白頁用完了，就用其他筆記本或日記繼續練習。記錄自己的體驗可以讓你了解哪些練習會隨著時間產生重大影響，你就不會錯過。

致謝

我們要感謝Idea Architects經紀公司極富遠見的創始人Doug Abrams，和他才華橫溢的妻子Rachel Carlton Abrams博士，他們的友誼和對世界公益的奉獻讓我們與有榮焉。兩位改變了數百萬人以及我們的人生。如果沒有Alyssa Knickerbocker動人的文字創作、Rachel Neumann和Lara Love的編輯和領導，以及整個ＩＡ團隊的出色工作，本書將不可能完成。

我們無限感謝Edward Sargent，他以清晰敏銳的領導力和才能接管了高特曼學院。謝謝你，Ｐ隊長，我們親愛、可靠的朋友。此外，也要感謝我們學院的研究主任Carrie Cole和臨床主任Donald Cole，他們不僅是傑出的心理學者，也是我們珍愛的西雅圖室友與朋友。感謝你們在本書寫作過程中對我們的支持。也要衷心感謝整個學院團隊，沒有他們，我們恐怕至今還住在辦公室。

我們要向Rafael Lisitsa致上無比謝忱與敬意，他是我們親愛的友人、高特曼學院姊妹公司Affective Software, Inc.（ＡＳＩ）共同創辦人及可貴的領導人，為我們的伴侶關係工作創建了一個網路平臺和新家。我們要深深感謝

ＡＳＩ技術長Vladimir Brayman，他的活力、奉獻精神和絕妙的腦力簡直無法估量。也要感謝整個ＡＳＩ團隊，特別是Inna Brayman、Connor Eaton和Steven Fan，他們協助我們創建並闡明本書的各種工具。

我們還要感謝在本書寫作過程中始終支持我們的摯友：Alison Shaw和Dick Jager、Phil和Cara Cohn夫婦、Mavis Tsai和Lana Lisitsa。如果沒有約翰與Robert Levenson長達五十年的友誼和密切合作，本書內容將不可能被創作出來。謝謝你們所有人。

最後，我們要向Moriah、Steven和Ezra Fan-Gottman致以最深摯的愛與感恩，他們每天都向我們展現愛和家庭有多麼美好。

國家圖書館出版品預行編目資料

恆溫關係：讓感情長保溫度的七日練習／約翰・高特曼、茱莉・史瓦茲・高特曼 著；王瑞徽 譯. -- 初版. -- 臺北市：平安文化有限公司, 2025. 02
240 面；21×14.8 公分. --（平安叢書；第 0831 種）(兩性之間；48)
譯　自：The Love Prescription: Seven Days to More Intimacy, Connection, and Joy
ISBN 978-626-7650-10-3（平裝）

1.CST: 兩性關係 2.CST: 戀愛心理學

544.7　　114000527

平安叢書第0831種
兩性之間叢書48

恆溫關係

讓感情長保溫度的七日練習

The Love Prescription: Seven Days to More Intimacy, Connection, and Joy

作　　者—約翰・高特曼、茱莉・史瓦茲・高特曼
譯　　者—王瑞徽
發 行 人—平　雲
出版發行—平安文化有限公司
台北市敦化北路120巷50號
電話◎02-27168888
郵撥帳號◎18420815號
皇冠出版社（香港）有限公司
香港銅鑼灣道180號百樂商業中心
19字樓1903室
電話◎2529-1778　傳真◎2527-0904
總 編 輯—許婷婷
執行主編—平　靜
責任編輯—林鈺芩
行銷企劃—謝乙甄
美術設計—鄭婷之、單宇

著作完成日期—2022年
初版一刷日期—2025年2月

法律顧問—王惠光律師

讀者服務傳真專線◎02-27150507
電腦編號◎380048
ISBN◎978-626-7650-10-3
Printed in Taiwan
本書定價◎新台幣360元/港幣120元